"Uma leitura obrigatória para qualquer pessoa que tenha se perguntado como podemos manter nossa humanidade entre as máquinas de previsão superpoderosas que temos criado."

— **ANGELA DUCKWORTH,** autora do best-seller *Garra* do *New York Times*

"Uma leitura interessante sobre como a IA está nos modelando, e como devemos modelá-la. Tomas Chamorro-Premuzic examina como a tecnologia pode aumentar nossa inteligência e nos lembra de investir nas habilidades humanas que os robôs não conseguem substituir."

— **ADAM GRANT,** autor de *Pense de Novo,* best-seller número 1 do *New York Times*; apresentador do podcast TED *Re:Thinking*

"Finalmente um livro sobre IA que foca o ser humano, não as máquinas. Um argumento poderoso para recuperar algumas de nossas virtudes negligenciadas e mais valiosas."

— **DORIE CLARK,** autora do best-seller *The Long Game* do *Wall Street Journal*; professora para formação de executivos, Fuqua School of Business na Duke University

"Fanáticos por tecnologia e profetas dominam o debate sobre inteligência artificial. Por isso, este livro único é uma lufada de ar fresco. *Eu, Humano* é um relato incrivelmente esclarecedor da relação tensa, mas fértil, que já temos com a IA, e um argumento inspirador para como, no futuro, ela pode nos ajudar a manter e a aprimorar, ao invés de degradar, o que nos torna basicamente humanos."

— **OLIVER BURKEMAN,** autor de *Quatro Mil Semanas,* best-seller do *New York Times*

"Se quer entender como podemos prosperar melhor em um mundo de rápida mudança por causa da IA e tem esperança e confiança sobre o papel que pode desempenhar, você achará este livro brilhante e essencial. Cheio de insights e dicas práticas, *Eu, Humano* irá prepará-lo para o futuro focando sua atenção nos aspectos exatos que tornam única a natureza humana."

— **FRANCESCA GINO,** professora, Harva au

"*Eu, Humano* defende de modo convincente que a IA está alterando a inteligência humana — alimentando o narcisismo, diluindo o autocontrole, reforçando o preconceito — e revela como o aprendizado humano ainda pode combater os malefícios do aprendizado de máquina. O estilo fácil de Tomas e seu humor seco ocultam a seriedade com a qual ele lida com essa questão vital de nosso tempo. Tome nota antes que os robôs controlem como você pensa."

— **OCTAVIUS BLACK,** fundador e CEO, MindGym

"Como alguém cujo trabalho é usar tecnologia para que coisas boas aconteçam no mundo real, eu não poderia deixar de receber com alegria o excelente tratado sobre IA de Tomas Chamorro-Premuzic, porque ele foca não apenas a evolução da inteligência artificial, mas como podemos evoluir e atualizar nossa própria inteligência como resultado. Asseguro que você sairá inspirado e otimista sobre o futuro da humanidade, empoderado com sua própria capacidade de gerenciá-lo e defini-lo."

— **CINDY GALLOP,** fundadora e CEO, MakeLoveNotPorn

"Dr. Tomas leva nosso conhecimento da IA em uma direção totalmente nova, ajudando-nos a entender melhor as máquinas e a nós mesmos. Um livro que incitará você a viver melhor e aprender mais."

— **JULIA GILLARD,** ex-primeira ministra da Austrália; presidente, Wellcome Trust e Instituto Global para Women's Leadership

"Conforme a IA fica mais predominante, todos nós precisamos ser mais sensíveis a como ela muda nosso comportamento. O livro de Tomas levanta questões importantes que devemos considerar à medida que a IA avança em cada parte de nosso cotidiano."

— **JOSH BERSIN,** analista do setor global

"Neste livro instigante, Tomas Chamorro-Premuzic usa seu olhar de psicólogo para focar aquilo que nos torna realmente humanos — defeitos e tudo mais. Repleto de ideias esclarecedoras sobre nossa definição de pontos fortes e fracos *Eu, Humano* oferece um roteiro para prosperar em um mundo saturado de tecnologia inteligente."

— **HERMINIA IBARRA,** professora de comportamento organizacional na Charles Handy, London Business School

"O olhar competente de Tomas Chamorro-Premuzic sobre o domínio da IA em relação à nossa vida é tão divertido quanto informativo, ou seja, ambos. O livro é salpicado com humor e irreverência suficientes para tornar o assunto técnico envolvente, com evidências mais do que suficientes para que seja atraente. Ele detalha como os algoritmos sequestram nossa atenção, nos tornando mais impacientes e arrogantes, menos capazes de ter foco, um pensamento profundo e criatividade; e menos felizes. Por fim, *Eu, Humano* busca despertar nosso melhor lado para que possamos recuperar uma vida significativa e plena de escolha e de conexão."

— **AMY C. EDMONDSON,** professora, Harvard Business School; autora de *The Fearless Organization*

"Um guia extremamente perspicaz e oportuno. Dr. Tomas abre uma janela corajosa para o impacto da inteligência artificial no comportamento humano. É tudo de que você precisa se está preocupado com a humanização do trabalho nesta era altamente tecnológica. É provável que saiba por que isso é muitíssimo importante para você, mas se esforça para saber como fazê-lo. Este livro é uma excelente leitura quando tentamos construir um mundo profissional melhor."

— **KATARINA BERG,** CHRO, Spotify

Eu, Humano

IA, Automação e a Busca para Recuperar o que Nos Torna Únicos

Eu, Humano

IA, Automação e a
Busca para Recuperar o que
Nos Torna Únicos

TOMAS CHAMORRO-PREMUZIC
Psicólogo Organizacional

ALTA BOOKS
GRUPO EDITORIAL
Rio de Janeiro, 2024

Eu, Humano

Copyright © 2024 STARLIN ALTA EDITORA E CONSULTORIA LTDA.
Copyright ©2023 Tomas Chamorro-Premuzic.
ISBN: 978-85-508-2249-5

Alta Books é uma Editora do Grupo Editorial Alta Books.

Translated from original I Human. Copyright © 2023 by Harvard Business Review Press. ISBN 978-1-64782-055-8. This translation is published and sold by Tomas Chamorro-Premuzic, the owner of all rights to publish and sell the same. PORTUGUESE language edition published by Starlin Alta Editora e Consultoria Eireli, Copyright © 2024 by **STARLIN ALTA EDITORA E CONSULTORIA LTDA.**

Impresso no Brasil — 1ª Edição, 2024 — Edição revisada conforme o Acordo Ortográfico da Língua Portuguesa de 2009.

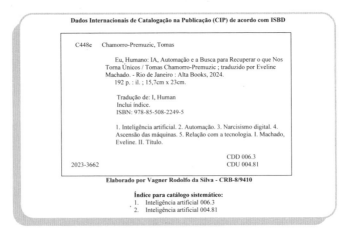

Dados Internacionais de Catalogação na Publicação (CIP) de acordo com ISBD

C448e   Chamorro-Premuzic, Tomas

           Eu, Humano: IA, Automação e a Busca para Recuperar o que Nos Torna Únicos / Tomas Chamorro-Premuzic ; traduzido por Eveline Machado. - Rio de Janeiro : Alta Books, 2024.
           192 p. : il. ; 15,7cm x 23cm.

           Tradução de: I, Human
           Inclui índice.
           ISBN: 978-85-508-2249-5

           1. Inteligência artificial. 2. Automação. 3. Narcisismo digital. 4. Ascensão das máquinas. 5. Relação com a tecnologia. I. Machado, Eveline. II. Título.

2023-3662   CDD 006.3
                                                                                        CDU 004.81

Elaborado por Vagner Rodolfo da Silva - CRB-8/9410

Índice para catálogo sistemático:
1. Inteligência artificial 006.3
2. Inteligência artificial 004.81

Todos os direitos estão reservados e protegidos por Lei. Nenhuma parte deste livro, sem autorização prévia por escrito da editora, poderá ser reproduzida ou transmitida. A violação dos Direitos Autorais é crime estabelecido na Lei nº 9.610/98 e com punição de acordo com o artigo 184 do Código Penal.

O conteúdo desta obra fora formulado exclusivamente pelo(s) autor(es).

Marcas Registradas: Todos os termos mencionados e reconhecidos como Marca Registrada e/ou Comercial são de responsabilidade de seus proprietários. A editora informa não estar associada a nenhum produto e/ou fornecedor apresentado no livro.

Material de apoio e erratas: Se parte integrante da obra e/ou por real necessidade, no site da editora o leitor encontrará os materiais de apoio (download), errata e/ou quaisquer outros conteúdos aplicáveis à obra. Acesse o site www.altabooks.com.br e procure pelo título do livro desejado para ter acesso ao conteúdo.

Suporte Técnico: A obra é comercializada na forma em que está, sem direito a suporte técnico ou orientação pessoal/exclusiva ao leitor.

A editora não se responsabiliza pela manutenção, atualização e idioma dos sites, programas, materiais complementares ou similares referidos pelos autores nesta obra.

Grupo Editorial Alta Books

Produção Editorial: Grupo Editorial Alta Books   **Produtor Editorial:** Thiê Alves
Diretor Editorial: Anderson Vieira   **Tradução:** Eveline Machado
Editor da Obra: José Ruggeri   **Copidesque:** Alessandro Thomé
Vendas Governamentais: Cristiane Mutüs   **Revisão:** Fernanda Lutfi; Hellen Suzuki
Gerência Comercial: Claudio Lima   **Diagramação:** Daniel Vargas
Gerência Marketing: Andréa Guatiello

Rua Viúva Cláudio, 291 — Bairro Industrial do Jacaré
CEP: 20.970-031 — Rio de Janeiro (RJ)
Tels.: (21) 3278-8069 / 3278-8419
www.altabooks.com.br — altabooks@altabooks.com.br
Ouvidoria: ouvidoria@altabooks.com.br

Editora afiliada à:

Para Isabelle e Viktor,
a uma vida rica de aventuras analógicas.

Este livro examina o impacto da inteligência artificial
no comportamento humano.

Sumário

Introdução — 1

    Capítulo 1: Na Era da IA — 7

    Capítulo 2: Armas de Distração em Massa — 27

    Capítulo 3: O Fim da Paciência — 43

    Capítulo 4: Domando a Parcialidade — 55

    Capítulo 5: Narcisismo Digital — 75

    Capítulo 6: A Ascensão das Máquinas Previsíveis — 93

    Capítulo 7: Automatizando a Curiosidade — 111

    Capítulo 8: Como Ser Humano — 129

Notas — 145

Índice — 169

Agradecimentos — 175

Sobre o Autor — 177

Introdução

Muita tinta e bytes foram dedicados ao surgimento da IA. A imprensa e os especialistas anunciaram a IA como a próxima coisa que alimentaria a nova Revolução Industrial. Os divulgadores da tecnologia alegam que esta transformará nossos trabalhos, ajudará a curar doenças e acabará com todas as tendenciosidades humanas.

Também tenho certeza de que você ouviu sobre previsões sombrias, algumas ditas pelos entusiastas mais famosos da tecnologia no mundo, de que a IA ameaça acabar com a espécie humana como a conhecemos. Por exemplo, Bill Gates, normalmente otimista, confessou que está "preocupado com a superinteligência". Do mesmo modo, o falecido Stephen Hawking observou que "uma IA superinteligente será extremamente boa ao realizar seus objetivos e, se esses objetivos não estiverem alinhados com os nossos, teremos problemas".[1] Enquanto isso, Elon Musk rotulou a IA como "um risco fundamental para a existência da civilização humana", embora isso não o tenha impedido de tentar implantá-la em nosso cérebro.

Assim, talvez você esteja se perguntando sobre por que precisa ler *outro* livro sobre IA. Até livros pequenos como este são um considerável investimento de tempo, de energia e de foco, todos preciosos e escassos. Explicarei o motivo.

Apesar de todas as previsões sobre a IA, desde utópicos tecnológicos a ludistas, um tema foi estranhamente negligenciado: como a IA está mudando nossa vida, nossos valores e nossos modos fundamentais de ser. É hora de ver a IA de uma perspectiva humana, que deve incluir uma avaliação de como a era da IA está impactando o comportamento humano. Como a IA está mudando o modo como trabalhamos, assim como outras áreas da vida, por exemplo, relacionamentos, bem-estar e consumo? Quais são as principais diferenças sociais e culturais entre a era da IA e os capítulos anteriores da civilização humana? E como a IA está redefinindo nossas principais formas de expressar humanidade?

Essas questões me fascinam. Como psicólogo, estudei por décadas os aspectos humanos e seus pontos fracos, tentando entender o que nos move. Por mais de vinte anos, grande parte de minha pesquisa focou entender a inteligência humana: como defini-la e medi-la, e o que acontece quando decidimos não usá-la, sobretudo quando escolhemos os líderes. Essa pesquisa apontou como nossas falhas e nossos equívocos modelam nosso mundo, em geral não para melhor: nossa dependência excessiva da intuição, não dos dados, nossa tendência de confundir confiança com competência e nossa inclinação a preferir líderes incompetentes do sexo masculino, e não líderes mulheres (e homens) competentes, são responsáveis por muitos dos maiores desafios que enfrentamos no mundo.

Como cientista profissional, passei minha carreira tentando encontrar meios de ajudar pessoas e organizações a tomar decisões melhores baseadas em dados. Foi como me deparei inicialmente com a IA, nomeada como uma ferramenta com um claro potencial de codificar a dinâmica das pessoas no trabalho e não apenas prever, mas também permitir, um melhor desempenho dos indivíduos, das equipes e das organizações. Dedico grande parte de meu tempo a planejar e implantar a IA para selecionar os funcionários, os gerentes e os líderes certos e para aumentar a diversidade e a imparcialidade nas organizações a fim de que mais pessoas, sobretudo as que historicamente têm sido excluídas de modo injusto, possam prosperar no trabalho.[2]

Como ninguém tem dados sobre o futuro, é difícil saber como a IA se desdobrará. Pelo menos até agora, em grande parte, a IA tem sido apenas algo que acontece com os dados. Normalmente se resume a algoritmos parcialmente gerados de modo automático que têm uma capacidade incansável de identificar padrões ocultos em um grande conjunto de dados, por meio de sua capacidade de evoluir, aprender, desaprender, corrigir-se automaticamente e aperfeiçoar, não importando se acabam alcançando (ou superando) os níveis humanos de inteligência.

Contudo, sua onipresença furtiva é impactante. Reconhecendo ou não, interagimos diariamente com a IA: quando fazemos uma pergunta à Siri ou à Alexa. Quando somos expostos a um anúncio digital. Quando vemos notícias ou qualquer conteúdo online. Dado o quanto usamos nossos celulares e rolamos o feed das redes sociais, provavelmente passamos mais tempo interagindo com a IA do que com nossos cônjuges, amigos e colegas de trabalho — todos também influenciados pela IA quando interagem conosco. A IA é onipresente e, embora ainda esteja evoluindo e seja muito incerta, não restam dúvidas: ela também está redefinindo nossa vida e nossas interações com o mundo e com nós mesmos.

A IA tem o *potencial* de melhorar nossa vida. Vivemos em um mundo complexo, e nosso cérebro arcaico não pode mais contar com decisões intuitivas ou instintivas para fazer as escolhas certas, em especial se queremos ser membros funcionais da sociedade moderna. Por exemplo, podemos esperar que uma IA bem projetada faça um trabalho melhor do que a maioria dos recrutadores humanos ao avaliar o currículo ou o desempenho de um candidato a emprego na entrevista, assim como podemos esperar que uma IA bem projetada supere a maioria dos motoristas humanos, faça diagnósticos médicos mais precisos, confiáveis e rápidos do que o olho nu humano, e supere os humanos ao detectar fraude no cartão de crédito.[3] O viés *humano* permeia cada aspecto da vida, desde quem é contratado e promovido até quem tem acesso a crédito, a empréstimos, à faculdade e quem é condenado e preso.

Meritocracia — a ideia de que nosso destino deve ser determinado por nosso nível de habilidade e esforço — é uma aspiração quase universal, embora seja causada mais por privilégio de classe do que por outros fatores em qualquer lugar no mundo.[4] Seu berço, seus pais e sua classificação sociodemográfica são previsores mais fortes de seu futuro sucesso do que seu potencial e seu desempenho reais, sobretudo nos EUA. Mais do que qualquer outra invenção tecnológica, a IA tem a capacidade de expor esses vieses, assim como de identificar sinais reais de talento e potencial, ao mesmo tempo em que é totalmente agnóstica quanto à nossa classe, gênero, raça e status. O importante é que o principal objetivo não é a IA substituir a expertise humana, mas melhorá-la. Em qualquer área de tomada de decisão, a expertise humana melhorará com a ajuda de informações baseadas em dados e produzidas pela IA.

Mas a era da IA também desencadeou tendências comportamentais ruins, que descobriremos ao longo deste livro. A utilização de algoritmos que neutralizam ou sequestram nossa atenção está contribuindo para uma crise de distração. A era da IA também está nos tornando mais impacientes, ignorantes e desiludidos, reforçando nossas interpretações egoístas do mundo. Assim como aumentou nosso vício nas redes sociais, o que democratizou o narcisismo digital e transformou a era da IA na era da auto-obsessão, do merecimento e da busca por atenção ubíqua. E mais, a era da IA também nos tornou criaturas bem mais chatas e previsíveis, diluindo a variedade e a riqueza de experiências que já caracterizaram a vida humana. Por último, a IA pode estar diminuindo nossa curiosidade intelectual e social, nos alimentando com respostas rápidas e simples para tudo, nos desencorajando de realmente fazer perguntas.

Talvez as coisas melhorem no futuro. Afinal, a IA ainda está na infância, e esperamos que sua evolução também incluirá nossa própria capacidade de gerenciar e de lidar com ela melhor para que possamos aproveitar os benefícios do progresso tecnológico. Porém, até então, há motivos claros para se preocupar com o impacto comportamental e as repercussões da era da IA. Meu objetivo neste livro é falar sobre o presente, não o futuro, focando as realidades atuais dos humanos interagindo com a IA.

O ser humano tem um bom histórico de culpar as invenções tecnológicas por sua própria extinção cultural e degeneração. Desde o começo da televisão, os críticos têm culpado repetidamente a TV por ser "o ópio do povo", inibindo a imaginação humana e o desenvolvimento intelectual, alimentando a violência e a agressão. Quando os primeiros jornais começaram a circular no século XVI, os céticos temiam que eles acabariam para sempre com as reuniões sociais: por que se reunir, se não há novidades nem fofocas para trocar? Bem antes disso, Sócrates e muitos de seus filósofos contemporâneos evitavam escrever juntos achando que isso atrofiaria sua memória.[5]

Essa sólida história de criticar as novas ferramentas de mídia pode parecer suficiente para ignorar as críticas alarmistas das inovações tecnológicas atuais, embora uma reação menor e padrão não seja necessariamente a melhor alternativa a uma reação excessiva. Como uma das principais vantagens da era da IA é a chance de reunir e de analisar muitos dados detalhados sobre o comportamento humano, por que não aproveitar a oportunidade para avaliar o impacto dessa era no comportamento humano com base em evidências?

É o que pretendo fazer: focar menos as possíveis consequências no futuro e mais o que aconteceu até agora, com menos preocupação sobre as futuras ameaças e mais sobre as realidades presentes.

Com isso em mente, meu objetivo para este livro é fazer grandes perguntas: o que significa ser humano na era da IA e quais poderiam ser os novos e talvez melhores modos de expressar nossa humanidade em seu capítulo atual de nossa história de evolução? Em meio a muita discussão sobre como o surgimento da IA está assumindo o controle do mundo e de nossa vida, podemos recuperar nossa humanidade para mostrar nosso lado mais virtuoso e evitar ficar alienados ou desumanizados, e até automatizados, pela tecnologia?

Como a IA ainda está evoluindo, essas questões podem não ser respondidas, mas isso não deve nos impedir de tentar respondê-las. Mesmo enquanto a era da IA se desdobra, podemos refletir sobre o que estamos observando neste exato ponto no tempo da interação entre o ser humano e a IA.

Você nunca se vê envelhecer no espelho, mas um dia encontra uma antiga foto e percebe que mudou. Seguindo essa mesma linha, se ficarmos muito obcecados com o futuro, correremos o risco de negligenciar o presente. Em vez de adicionar ao mundo muito saturado de previsões tecnológicas, veremos nosso presente para entender, em primeiro lugar, como é que chegamos até aqui. A propósito, também é o melhor modo de entender, ou pelo menos de refletir sobre, para onde estamos indo. Se não gostamos do que vemos, pelo menos teremos um incentivo para mudá-lo.

Capítulo 1

Na Era da IA
O que é e não é IA

Concebemos a tecnologia e, por sua vez, a tecnologia nos concebe.
— **Pamela Pavliscak**

Com cerca de 300 mil anos de existência do que, em geral, é considerado o ser humano moderno anatomicamente, na essência não mudamos muito. Não existe uma grande diferença biológica entre os atuais pioneiros da IA e seus ancestrais que inventaram a agricultura ou qualquer grande avanço inovador na história. A versão mais avançada e atualizada de nossa espécie, que inclui Angela Merkel, Beyoncé, Jeff Bezos e eu (o que espero não ser interpretado como uma afirmação narcisista), ainda compartilha cerca de 99% de seu DNA com os chimpanzés.

Nossos desejos e nossas necessidades não mudaram tanto, mas como esses desejos e necessidades se manifestam pode mudar com o tempo. Em nossa jornada evolutiva, fizemos a transição de produtores e usuários de ferramentas de caça e coleta rudimentares para criadores de foguetes especiais, Bitcoin e vacinas de RNA. No processo, criamos inúmeras sociedades, impérios e civilizações, sem mencionar o Snapchat e os paus de selfie, que forneceram novos elementos para expressar nossa humanidade.[1]

Embora no grande esquema das coisas a IA seja apenas um modesto código de computador designado a tornar as tarefas humanas mais previsíveis, a história nos ensina que até as inovações tecnológicas comuns podem ter grandes consequências psicológicas quando vistas em escala. Considere como as grandes invenções do homem rescreveram nosso *modus operandi* na ausência de qualquer grande mudança biológica. Como escrevem Will e Ariel Durant em *12 Lições da História*, a evolução do homem durante o tempo registrado foi social, não biológica. Ela se deu não por variações hereditárias na espécie, mas sobretudo pela inovação econômica, política, intelectual e moral transmitida para indivíduos e gerações por imitação, tradição ou educação.[2] Por exemplo:

- *Econômica:* mercado de ações, negociação de derivados, economia gig e tokens não fungíveis (NFTs).[3]
- *Política:* comunismo, fascismo, democracias liberais e capitalismo de Estado.
- *Intelectual:* teoria da relatividade, *O Cravo Bem Temperado* de Bach, mecanismos de busca do Google e Shazam.
- *Moral:* toda religião no mundo, o humanismo, nossos valores familiares e nossa mente moralista.[4]

Para onde vamos a partir deste ponto depende de nós. Conforme a era da IA progride, temos que encontrar novos meios de expressar nossa humanidade, para o bem ou para o mal — ou ambos.

Até agora, a maior consequência da IA não é sua capacidade de replicar ou de superar, mas a de *impactar*, a inteligência humana. Isso acontece não pelas capacidades inerentes da IA, mas pelo ecossistema digital que criamos para coletar, aprimorar e implantar a IA em escala. Esse ecossistema, que pode ser para o metaverso o que a internet discada foi para o Wi-Fi, posicionou a IA como uma influência ubíqua e poderosa no comportamento humano. Como qualquer força poderosa, haverá consequências positivas e negativas para o comportamento social. Mas a mudança é o aspecto de destaque e o que torna a era da IA uma fase importante na evolução do homem. Essa mudança tem três facilitadores: um mundo hiperconectado, a dataficação do homem e o negócio lucrativo da previsão. Nas próximas seções, examino esses facilitadores em mais detalhes.

Um Mundo Hiperconectado

Dizer que vivemos em um mundo hiperconectado é um clichê tão grande quanto dizer que o presente é inusitado e o futuro é incerto, ou que o maior ativo de uma empresa são as pessoas, o que infelizmente nunca impediu ninguém de dizer esses chavões. E mais, ainda é verdade que o mundo nunca esteve tão conectado como hoje.[5] A hiperconexão é uma das características definidoras de nosso tempo.

Temos vidas muito mais conectadas agora, e a tendência é isso aumentar.[6] Nunca foi tão difícil ficar isolado de pessoas, informações, fatos reais e fake news, pelo menos sem fazer um retiro espiritual. Nunca foi tão fácil se comunicar com estranhos, conhecer novas pessoas, transformar estranhos em encontros instantâneos ou futuros cônjuges, e manter um profundo contato psicológico com pessoas, não importando quem são, onde estão e se chagaremos a conhecê-las.

Por mais que a tecnologia tenha tomado conta de nossa vida e que estejamos hiperconectados, ao mesmo tempo nossos comportamentos atuais estão simplesmente atendendo aos nossos desejos humanos preexistentes. De uma perspectiva psicológica, as coisas realmente não mudaram muito.

Veja, sempre que pressionamos o botão para "atualizar", estamos tentando nos validar, monitorar nossa reputação ou responder a uma pergunta psicológica profunda sobre nossa existência e o significado da vida, por exemplo: o que está acontecendo? O que as pessoas pensam sobre mim? O que meus amigos estão aprontando? Como vivo minha vida? Nossos primeiros antepassados compartilhavam essas questões fundamentais há milhares de anos; a única diferença é que eles não tinham smartphones nem o luxo de dedicar tanto tempo nessas reflexões neuróticas e egocêntricas.

Se uma pessoa comum dos anos 1950 fosse transportada para o tempo presente, no estilo *De Volta para o Futuro*, o que ela veria? Diferentemente de Marty McFly, ela não veria implantes de visão de raio X biônica nem sapatos que se amarram sozinhos. Ela ficaria, sim, admirada com o fato de que a maioria de nós fica grudada em nossos dispositivos móveis, independentemente de saber se os algoritmos estão fazendo sua mágica em silêncio em segundo plano, ou que interagimos em graus nunca vistos de autodivulgação inadequada, compartilhando nossas visões e informações não solicitadas sobre tudo e qualquer coisa, com todos e qualquer um, sem nenhum motivo óbvio, só pelo fato de que podemos.[7]

Nosso visitante do passado talvez fique desapontado. Nas famosas palavras do empreendedor oposicionista Peter Thiel: "Carros voadores eram a promessa, mas recebemos 140 caracteres."[8] Embora em grande parte do tempo o viajante visse coisas novas, duvido que ele teria muito problema para se adaptar ao nosso modo de vida. Dê a ele um smartphone, mostre como funciona e tudo correrá bem.

O que nos mantém inteiramente imersos no universo digital hiperconectado que criamos, e a exata razão de esse universo existir em primeiro lugar, é nosso profundo desejo de nos conectar com o outro, o que atende às nossas necessidades primordiais.[9] As bases de nosso mundo hiperconectado são, em grande parte, as mesmas necessidades universais que sempre sustentaram a principal base elementar da vida humana.[10] A necessidade de se *relacionar* com os outros, a necessidade de *competir* com os outros e a necessidade de encontrar *significado* ou de entender o mundo. Essas três necessidades básicas podem nos ajudar a entender os principais motivos para usar a IA no dia a dia.

Primeiro, a IA preenche nossa necessidade de *relacionamento*, isso é, o desejo de se conectar e de conviver com outras pessoas, ampliando e aprofundando nossas relações, mantendo contato com os amigos. Há um motivo para nos referirmos às plataformas de redes sociais como "redes sociais", um termo que sempre foi usado para descrever a rede de amigos, contatos e conexões que temos, representando nosso capital social básico.

Segundo, a IA pode ser vista como uma tentativa de impulsionar nossa produtividade e nossa eficiência, de melhorar nossos padrões de vida, tudo ligado à nossa necessidade de *competitividade*. Com certeza podemos (e devemos) examinar se isso foi cumprido ou não, mas a intenção é sempre a mesma: conseguir mais com menos, aumentar o resultado e a eficiência do trabalho e, o mais óbvio, aumentar o consumo, ou seja, o acúmulo de recursos.

Terceiro, a IA também é utilizada para encontrar *significado*, transformar a informação em descobertas, nos ajudando a entender um mundo ambíguo e complexo. Bem ou mal, a maioria dos fatos, das opiniões e do conhecimento que acessamos hoje foi selecionada, organizada e filtrada pela IA. Portanto, ela pode ser igualmente poderosa para nos informar ou desinformar.

Os grandes protagonistas da era da IA criaram plataformas virtuais nas quais podemos expressar e atender às nossas necessidades universais. Veja o Facebook, o LinkedIn, o TikTok ou qualquer app popular de redes sociais. Essas plataformas se tornaram o principal habitat da IA porque podem nos conectar com outras pessoas (*relacionamento*), criar um nível de proximidade psicológica sob demanda com a vida pessoal e pública das pessoas, não importando nossa real proximidade com elas. Também nos permitem nos gabar, desenvolver nossas carreiras, mostrar nossas virtudes e nosso status e exibir nossos níveis de confiança, competência e sucesso (*competitividade*). Igualmente importante, mas talvez menos óbvio, podemos usar os grandes apps de redes sociais para atender ao nosso apetite insaciável por compreensão (*significado*), nos ajudando a descobrir quem faz o que, quando e por que, dentro da órbita sempre em expansão da reputação pública das pessoas e de suas vidas privadas cada vez menores.[11]

Como sugerem décadas de pesquisa científica, todos somos "psicólogos ingênuos" ou exploradores amadores da humanidade, procurando entender os comportamentos dos outros.[12] Uma das consequências de ser uma espécie hipersocial e orientada a grupos é a obsessão por entender ou, pelo menos, tentar interpretar o que as pessoas fazem e por quê. Percebendo ou não, essa obsessão tem alimentado a grande aplicação da IA nas redes sociais.

Essas funções psicológicas profundas de nosso mundo hiperconectado ficaram muito claras durante a pandemia da Covid-19, que destacou o poder da tecnologia para nos manter produtivos, além de conectados social e emocionalmente, mesmo em um extremo isolamento físico.[13] Para grande parte do mundo industrializado, e sobretudo para os profissionais especializados, além da questão incomum de permanecer saudável e são, sem mencionar ficar casado(a), o muito discutido "novo normal" diferiu do antigo normal apenas em grau; basicamente aumentamos nosso já alto tempo de tela.

Portanto, usamos o Zoom para trabalhar e beber com os amigos, e nos esquecemos de por que existe o escritório.[14] Do mesmo modo, em tempos de muita incerteza e confusão, nossa hiperconectividade digital nos deu ferramentas para acessar: conhecimento (por exemplo, Google, Wikipedia, Udacity e WikiLeaks); sistemas de significado (por exemplo, grupos religiosos e políticos, Fox, CNN, microssite da Covid-19 no Johns Hopkins Hospital e Netflix); infinitas bibliotecas de música e podcasts; especialistas autodenominados e reais sobre tudo relacionado à pandemia; e todo grande trabalho literário no mundo.

Mas algumas dessas coisas são problemáticas. Quanto tempo ficamos *realmente* não conectados com outras coisas ou pessoas, no sentido analógico ou real da palavra? Pouco. Nós nos tornamos acessórios pessoais inteligentes, anexados direto aos nossos telefones, com sensores adicionais em nossos smartwatches, Oura Rings, Siri e Alexa, aguardando com paciência o upload na nuvem de nossas memórias, de nossas fantasias e de nossa consciência. Em um intervalo de tempo relativamente curto, foi rápida a transição da internet para a Internet das Coisas, e agora para o "Você das Coisas", um conceito que vê nosso corpo como parte de uma enorme rede digital sensível e nossa existência inteira é rebaixada ao status de nossas smart TVs e geladeiras.[15] Como nossos eus foram muito reduzidos a fragmentos digitais de nossa reputação capturada nos vários dispositivos que nos conectam aos outros e ao mundo, é difícil discordar da premissa de Yuval Harari de que "estamos nos tornando pequeninos chips dentro de um sistema de processamento de dados gigante que ninguém realmente entende".[16]

Alguns dizem que a IA transformou o ser humano no produto das empresas de tecnologia, porém uma descrição mais precisa, como observou recentemente o escritor Kazuo Ishiguro, vencedor do Prêmio Nobel, é a de que somos mais como a terra sendo preparada ou escavada, com o produto real sendo os dados e seu valor baseado na capacidade de influenciar ou de mudar nossas crenças, nossas emoções e nossos comportamentos.[17]

A grande mudança em relação a vinte anos atrás é, sem dúvidas, a quantidade de dados que produzimos e continuamos a produzir a ponto de traduzir todo possível comportamento humano em um sinal digital. Cada vez mais não somos apenas criaturas físicas, mas também virtuais, e nossa existência adquiriu uma segunda vida na forma de registros virtuais codificados na nuvem, guardados em gigantescos armazenamentos de dados.[18]

O DNA comportamental de nossos hábitos — inclusive nossas preferências mais íntimas, nossos pensamentos mais profundos e privados e nossos prazeres secretos — se transformou em uma grande reserva de informação, de modo que os algoritmos podem aprender tudo o que existe para nos conhecer. Estudos científicos mostram, sem nenhuma surpresa, que a IA pode fazer estimativas muito mais precisas de nossa personalidade do que não só nossos amigos, mas também nós mesmos.[19]

A Dataficação da Pessoa

Nosso ímpeto para entender e prever o mundo, inclusive a nós mesmos e outras pessoas, fundamenta grande parte da era atual da IA, que se baseia na premissa e na promessa de coletar o máximo possível de dados sobre pessoas, transformando todos nós em objetos de um experimento psicológico em massa.[20]

Quando fiz experimentos de pesquisa para minha tese de doutorado, apenas vinte anos atrás, tinha de levar as pessoas para uma cabine de teste e implorar que elas concluíssem uma avaliação psicológica. Coletar dados de cinquenta pessoas podia levar meses, mesmo que tivéssemos fundos para pagá-las. Hoje temos mais dados sobre as pessoas e cada aspecto de nosso comportamento do que possivelmente conseguimos analisar. Poderíamos parar de coletar os dados e passar o próximo século tentando entendê-los, e ainda assim mal tocaríamos na superfície. Quase tudo que fazemos cria um repositório de sinais digitais representando o combustível ou a gasolina que permite o desenvolvimento intelectual da IA.

Para ficar claro, mais dados não tornam as pessoas mais previsíveis: os dados são apenas um registro do que fazemos; são o produto, não a causa de nossas atividades e de nossos comportamentos. Porém as mesmas plataformas e ferramentas que são implantadas para nos fazer produzir ainda mais dados fazem um ótimo trabalho de padronização de nossos principais padrões de atividades, nos incentivando a agir de modos mais previsíveis e repetitivos. Considere como o Facebook, uma plataforma que realmente permite um repertório relativamente rico de interações e uma variedade de atividades interpessoais, limita a faixa de respostas ou os comportamentos que podemos exibir.

Com certeza podemos expressar nossos comentários na forma de texto não estruturado, e até criativo. Contudo, é muito mais fácil curtir, compartilhar ou inserir emojis na resposta para o que vemos, de modo que possamos focar nossas energias em identificar as pessoas em nossas fotos, marcar os outros nos stories e codificar a grande variedade de informação em dados altamente estruturados e padronizados, fornecendo instruções claras para a IA. Nós nos tornamos os supervisores não pagos dos algoritmos do aprendizado de máquina, assim como seu objeto de estudo, ainda que de um modo repetitivo e simplificado.

Sem nenhuma surpresa, dezenas de estudos científicos indicam que as curtidas do Facebook e outras categorias de expressão com escolha forçada preveem com precisão nossa personalidade e nossos valores.[21] Pense nas curtidas como o equivalente digital de adesivos com frases feitas, camisetas de adolescentes rebeldes ou tatuagens: o ser humano tem orgulho de sua identidade, portanto ele gosta de qualquer oportunidade para compartilhar suas visões, suas crenças e suas opiniões com o mundo, em parte para participar ou não de um grupo. Não é preconceito, e sim socialmente esclarecedor, pressupor que um carro com um adesivo "assassino moderno" tem um motorista muito diferente daquele com um adesivo "fique calmo e seja vegano".

Isso fica ainda mais óbvio no Twitter, onde vários dados inseridos (o conteúdo e o contexto dos tweets) podem ser minerados com consistência para prever os retweets, não importando se lemos ou processamos as informações. A plataforma introduziu um recurso "leia antes de retweetar" para encorajar um compartilhamento responsável: talvez o próximo recurso possa ser "pense antes de escrever"?[22] Se os algoritmos do Twitter costumam ser acusados de aumentar nossa câmara de eco, é só porque são treinados para prever o que preferimos ver, ou seja, coisas coerentes com nossas visões e crenças.[23] Basicamente, nos transformamos em uma versão mais exagerada de nós mesmos, não de mente aberta, mas limitada.

Até entre as gigantes da tecnologia, o Facebook se destaca por sua aposta firme nos dados, explicando por que em 2014 ele investiu US$19 bilhões para adquirir o WhatsApp, que, na época, tinha apenas 55 funcionários, uma receita não superior a US$10 milhões, um prejuízo de US$138 milhões e tinha sido avaliado em US$1,5 milhão apenas um ano antes.[24] Como Larry Summers destacou em um seminário na Rotman School of Management: "Tudo que o WhatsApp tinha, todas as pessoas, computadores, ideias, podia caber nesta sala, e ainda haveria espaço para vários seminários."[25]

Embora isso forneça uma imagem clara das novas realidades da economia digital, Summers se esqueceu de mencionar que a coisa mais valiosa que o WhatsApp tinha *não* cabia naquela sala de seminário, que era a grande quantidade de dados e todos os usuários no mundo comprometidos em produzir cada vez mais todo dia. Quando o WhatsApp foi adquirido, ele ostentava 450 milhões de usuários. Hoje, o número passa de 2 bilhões. O próprio Facebook tem 2,8 bilhões de usuários, que passam cerca de 2 horas e 24 minutos na plataforma todos os dias, com outros 30 minutos no WhatsApp, o que representa 60% de todos os usuários de internet no planeta, e é o app de mensagem número um em 180 dos 195 países do mundo.[26]

Em 2021, o Facebook — agora Meta — levou a datificação da pessoa um passo adiante mesclando os dados do WhatsApp e do Facebook para aprofundar seu conhecimento dos usuários. Esse é o poder de combinar tudo o que você diz no app de mensagem e chamada gratuita número um. Ah! E existe também a presença do Instagram. Do mesmo modo, a datificação da pessoa permitiu à Netflix passar de recomendações de filmes à criação de conteúdo de sucesso e permitiu à IA do Spotify ensinar aos artistas como criar músicas mais populares, compartilhando suas informações massivas do consumidor e instruindo-os quanto ao gosto do seu público real e em potencial.[27]

Em um futuro não muito distante, os avanços da IA na composição musical podem permitir que o Spotify automatize alguns artistas, assim como os carros autônomos permitiriam à Uber automatizar os motoristas. Atualmente, os motoristas da Uber têm dois trabalhos: levar os clientes de A até B (função oficial) e ensinar à IA como fazer isso sem motoristas humanos (função não oficial, que justifica que uma empresa de US$24 bilhões dê prejuízo).

Na mesma linha, imagine um mundo no qual a IA da plataforma aprende a criar (não apenas organizar) música em resposta direta às suas preferências, tornando Ariana Grande e Justin Bieber, os dois artistas mais populares nessa plataforma, relíquias musicais (deixarei que você decida se esses avanços tecnológicos e hipotéticos representariam ou não uma forma de progresso artístico).

Embora muitos dos serviços fornecidos por grandes e não tão grandes empresas de IA sejam gratuitos, no sentido de que não pagamos com dinheiro, os investidores as valorizam por causa do valor percebido atribuído aos dados que as empresas consomem, analisam e vendem.[28] Basicamente, nossos registros digitais permitem que as empresas de tecnologia convençam outras pessoas, em particular analistas financeiros, investidores e o mercado, de que elas têm uma compreensão precisa sobre nós, inclusive sobre nossos eus únicos, o que explica as valorizações exorbitantes de firmas ricas em dados e de qualquer indústria que afirma, de modo convincente, estar no lucrativo negócio de usar a IA para prever o comportamento humano.[29]

O Lucrativo Negócio da Previsão

A IA tem sido sensatamente descrita como uma máquina de previsão, pois os algoritmos demonstram sua "inteligência" prevendo coisas que, por sua vez, devem tornar mais inteligente nossa própria tomada de decisão.[30] Se os dados abastecem a revolução digital, o valor dos dados se baseia em sua promessa de decodificar o comportamento humano, com um novo nível de granularidade, escala, padronização e automação. Nunca houve um múltiplo de dólar maior pago por serviços capaz de transformar dados em insights, tudo cortesia da IA. Segundo a PWC, a IA contribuirá com US$15,7 trilhões na economia em 2030, aumentando o PIB em 26%.[31]

Essa nova ordem econômica é possível por causa da combinação de grandes conjuntos de big data e uma capacidade de processamento cada vez mais barata e rápida de processá-los e traduzi-los em insights e sugestões automatizados, modelando a atividade humana de modos comercialmente vantajosos. Por exemplo, a IA do Google permite à empresa convencer os clientes de que ela conhece seus usuários com uma precisão elevada, o que explica por que 80% da receita da Alphabet (US$147 bilhões) ainda vêm de anúncios online.[32]

Do mesmo modo, o enorme acesso ao comportamento ubíquo do consumidor que a Meta — a empresa-mãe do Facebook, do Instagram e do WhatsApp — aproveita permite que a gigante da tecnologia utilize a IA para vender um conteúdo extremamente direcionado e para gerar anúncio personalizado, customizado segundo os desejos, as preferências e os hábitos do mundo.[33]

Claro, também é possível porque não conseguimos deixar de passar tanto tempo de nossa vida sem estarmos online e por causa de um recurso crítico do ser humano: embora odiemos admitir, agimos de modos consistentes e previsíveis, a ponto de haver padrões identificados bem claros sob nossos hábitos únicos e comportamentos diários, um tipo de *sintaxe* pessoal. É precisamente essa sintaxe que a IA monetiza: cada pensamento, valor e ideia registrados, aquilo que compõe você e o torna distinto dos outros. Assim como você poderia descobrir muitas coisas sobre um estranho vendo o histórico de seu navegador (a menos que seja apagado, o que seria um ponto de dados revelador em si), os algoritmos que mineram nossa vida são muito bons em prever o que podemos fazer em seguida, e eles estão ficando melhores. Apenas dez anos atrás, quando a IA da Target determinava que uma mulher estava grávida antes de ela ter decidido compartilhar a notícia com os amigos e a família (tudo com base em seus padrões de compra), tudo parecia um episódio assustador de *Black Mirror*.[34] Agora, todos estamos cientes do que os algoritmos sabem ou podem saber sobre nós mesmos e os outros; quanto à IA, assustador é o novo normal.

Analisando nosso movimento diário e negociando com marcas e profissionais de marketing seus insights sobre como nos influenciar com um alto custo, a IA de fato está vendendo os futuros do ser humano, anexando um novo valor ao "excedente comportamental" que deriva de todos os dados que geramos. Embora tudo isso seja justificável por meio de nossas escolhas e preferências — otimizações rápidas, baratas, previsíveis e eficientes de nossas necessidades diárias —, é lamentável estarmos ficando possivelmente menos interessantes e criativos no processo. Mesmo que o objetivo da IA não fosse nos automatizar, ela parece estar nos tornando automações.[35]

Até o momento, nossos dados são comercializados predominantemente para o marketing, como os anúncios direcionados, mas já existem muitas incursões em várias outras áreas, como seguro de vida, sucesso na carreira, saúde e bem-estar e relações românticas. Por exemplo, a China usa a IA para traduzir a vigilância comportamental de massa em pontuação de crédito e, por sua vez, em um sistema de gerenciamento para seus cidadãos.[36] Imagine você sendo grosseiro com um motorista de táxi, se esquecendo da gorjeta do garçom, cancelando a reserva do restaurante ou avançando o sinal vermelho, e qualquer uma dessas ações reduzindo automaticamente sua capacidade de obter um empréstimo, um cartão de crédito ou um trabalho.

O lucrativo negócio da previsão também permeou o domínio do amor. Considere o Match Group, que tem uma porcentagem de muitos dos sites de encontro mais populares do mundo, inclusive o Tinder, o OKCupid, o Hinge, o Plenty of Fish e o Match.com.[37] Seu chatbot Lara interage com usuários globais para coletar o máximo possível de dados pessoais em suas preferências de relações românticas, o que, por sua vez, permite aos usuários consumir anúncios que financiam suas viagens de amor digitais, sobretudo se estão interessados em evitar uma assinatura paga. Ou o LinkedIn, que vende mensalmente serviços de associação para recrutadores de modo que possam acessar os dados sobre habilidades, currículos e formação dos candidatos que não estão em sua rede pessoal. Essas informações são gratuitas, porque os membros do LinkedIn são voluntários, em parte para conseguirem um trabalho melhor (o LinkedIn estima que 70% de seus 775 milhões de membros sejam abertos a isso, pelo menos), ou para atrair clientes, impressionar amigos e colegas, consumir uma mídia selecionada ou apenas para seguir os stories de notícias.

Em um livro extraordinário, Shoshana Zuboff se refere ao lucrativo negócio da previsão como "capitalismo da vigilância", "uma nova ordem econômica que declara a experiência humana como matéria-prima gratuita para práticas comerciais ocultas de extração, previsão e vendas", assim como "uma lógica econômica parasitária na qual a produção de produtos e serviços está subordinada a uma nova arquitetura global de modificação comportamental".[38] A crítica pungente de Zuboff quanto à era da IA explica por que as pessoas temem o poder da Big Tech e por que documentários como *O Dilema das Redes* — no qual ex-funcionários do Facebook são claros sobre as táticas maquiavélicas e cínicas das manipulações por trás dos algoritmos da plataforma, desde recursos de jogos viciantes até incentivos psicológicos para decodificar e moldar o comportamento dos usuários — são bem chocantes para muitos.

O simples fato de que você talvez não tenha uma vida orwelliana ressalta o fascínio imersivo do sistema em si, que conseguiu se camuflar como um modo normal de vida, nos transformando com sucesso em um registro rico de transações digitais imortalizado para a posteridade da IA. Um peixe não sabe o que é água; o mesmo acontece com o homem e a matriz.

Assim, pelo menos por agora, a influência da IA não é tanto a função de emular ou de superar a inteligência humana, mas de modelar como pensamos, aprendemos e tomamos decisões. Desse modo, a IA está moldando o exato objeto que ela tenta recriar, como um grande mestre ajustando um objeto que pintará. Se você deseja copiar um desenho e tem a capacidade de simplificar o modelo para desenhar uma réplica mais exata, isso facilita a tarefa.

A maioria de nós não é cientista, contudo, em qualquer área da vida, comumente operamos segundo os princípios essenciais da IA: usando os dados do passado não apenas para prever, mas para decidir sobre o futuro. Quando compramos um produto que a Amazon nos recomendou, vemos um filme que a Netflix sugeriu ou ouvimos uma playlist que o Spotify separou para nós, estamos fazendo mudanças em nossa vida com base em dados, conforme uma sintaxe algorítmica que elimina as diferenças comportamentais entre nós e as pessoas como nós, impulsionando a avaliação das empresas de tecnologia, tornando nossa vida mais previsível. A previsão melhora de duas maneiras diferentes: os algoritmos ficam mais inteligentes ou os humanos ficam mais "burros". O último implica que diminui nossa capacidade de responder a uma situação de modos diferentes, controlar nossas reações aos estímulos ou *ter* nossos comportamentos de modos autocontrolados e agenciais. Cada minuto online é planejado para padronizar nossos comportamentos e nos tornar mais previsíveis.

A onda inicial da pandemia da Covid-19 viu a conectividade física instantaneamente substituída pela hiperconectividade digital, com as Big Techs colhendo os benefícios. Durante 2020 apenas, a capitalização de mercado das sete maiores empresas de tecnologia, que incluem Apple, Microsoft, Amazon e Facebook, aumentou em US$3,4 trilhões.[39] Conforme as lojas fecharam em todo o mundo, os ganhos da Amazon aumentaram em 40% em um único trimestre, e o Web Services, a maior plataforma na nuvem do mundo, viu aumentos parecidos à medida que um número sem precedentes de negócios físicos foi forçado a se tornar virtual.[40]

Nos EUA, o gasto na loja online durante a pandemia aumentou 44% ao longo de 2020, produzindo mais crescimento em um ano do que na década anterior inteira.[41] Claro, o crescimento do varejo online é intuitivo, pois as lojas foram forçadas a fechar e os consumidores ficaram apenas com a escolha da compra online. Mas uma mudança ainda maior foi encerrar as interações pessoais, levando para a nuvem todas as formas de contato, comunicação e trocas. A ideia de um metaverso, espaço virtual compartilhado que controla nosso mundo físico, foi de uma distopia digital não natural para uma realidade inevitável e iminente em menos de dois anos. Enquanto muitas pessoas morriam, ficavam doentes, perdiam seus trabalhos ou seus negócios por completo, e a maioria dos negócios recebia duros golpes devido à pandemia, muitas outras pessoas simplesmente aumentavam seu consumo online, tornando as empresas de tecnologia ricas bem mais ricas, inclusive em termos de dados.

Como o *Economist* relata, o uso dos dados agora é o maior negócio do mundo.[42] Em maio de 2021, a ação do S&P representada pelas cinco maiores gigantes da tecnologia — Apple, Amazon, Microsoft, Alphabet e Facebook — aumentou em quase 25%, valendo 15,8% um ano antes.[43] Isso leva a capitalização de mercado combinada para mais de US$8 trilhões, sendo mais do que as 300 empresas S&P menores juntas.[44] Para se ter uma ideia, os PIBs das maiores economias no mundo (em trilhões) são: EUA, US$20,5; China, US$13,4; Japão, US$4,9; Alemanha, US$4; e Reino Unido, US$2,8. As avaliações astronômicas das Big Techs se baseiam sobretudo nos dados preditivos que essas empresas conseguem aproveitar. A probabilidade de você não ter passado dados para uma dessas empresas é cerca de 0%. Com a mesma lógica exata, quando os lockdowns diminuíram e a pandemia ficou sob controle, grande parte do mundo voltou a ficar offline ou realizou atividades analógicas, com a valorização das Big Techs caindo em mais de US$1 trilhão.

Embora essas avaliações repousem na crença de que a IA permite que as empresas de tecnologia ricas em dados nos entendam melhor e que esse nível mais profundo de entendimento pode ajudá-las a mudar, influenciar e manipular o comportamento humano em escala, a capacidade da IA de nos entender foi, de fato, exagerada. Por isso, os anúncios que vemos com o direcionamento algorítmico orientado a dados raramente produzem um efeito *surpresa* e, em geral, falham em criar insights surpreendentes sobre nossas preferências de consumidor mais profundas; eles parecem assustadores ou ruins, como quando nos mostram um tênis que já compramos ou um hotel para férias que decidimos não reservar. Mas ainda somos expostos a eles e continuamos consumindo o que eles nos mostram.

Até então, a principal realização da IA foi reduzir algumas incertezas da vida cotidiana, tornando as coisas, inclusive nós mesmos, menos imprevisíveis, transmitindo uma sensação de segurança nas áreas que sempre foram vistas como casuais. Sempre que reagimos espontaneamente à IA, ou a uma de suas muitas manifestações, fazemos nossa parte para levar adiante não apenas a precisão preditiva da IA, mas a esterilização da humanidade, tornando nossa espécie mais estereotipada.

Nosso Lado Sombrio à Solta

Dois dos maiores filósofos do Iluminismo, Jean-Jacques Rousseau e Thomas Hobbes, se perguntaram se o ser humano nasce bom e é corrompido pela civilização, ou se nasce mau, mas é "civilizado" por ela.[45] A questão em jogo aqui é esta: a natureza humana é boa, mas a sociedade a destrói (Rousseau), ou o ser humano é bem inútil e imoral no começo, e a sociedade o combate ou remedia de alguma forma nos domando (Hobbes)?

A resposta, como as perguntas do tipo "isto ou aquilo" relativas ao comportamento, é sim ou "um pouco de cada". Os seres humanos são criaturas únicas e complexas, portanto interagimos com a sociedade, inclusive com a tecnologia, de inúmeros modos. Nossa relação com a IA não é diferente. Por vezes a IA é uma lente de aumento; em outras, é um supressor de nosso próprio caráter, disposições e natureza. E os ecossistemas digitais nos quais coexistimos com a IA, como as redes sociais, nos permitem expressar nossa identidade cultural, nossas normas e nossas tradições.[46]

Em nossas interações com a IA, podemos ver padrões psicológicos surgindo como bastiões culturais de nosso DNA comportamental, que, no máximo, pode contrastar em grau com o que normalmente faríamos no passado. Igualmente, podemos ver nossos hábitos infundidos pela IA, e aparentemente novos, desfazendo algumas diferenças culturais que sempre definiram os comportamentos normativos — "como fazemos as coisas aqui" — entre culturas e sociedades diversas, ou entre períodos diversos dentro da mesma cultura.

A cultura pode compreender qualquer modelo ou etiqueta transmitida socialmente que torna um grupo de humanos (por exemplo, funcionários da Starbucks, cidadãos canadenses, descolados de Portland e judeus hassídicos em Williamsburg) único ou, pelo menos, diferente dos outros (por exemplo, gerentes da IBM, alienígenas ilegais, hippies dos anos 1990 e a comunidade taiwanês-americana em Los Angeles). Por exemplo, os italianos são normalmente mais extrovertidos e sociáveis que os finlandeses, mas isso é menos evidente quando italianos e os finlandeses usam a rede social, que opera como um supressor digital da herança cultural, levando todos, inclusive os finlandeses, a compartilhar com o resto da humanidade seus pensamentos não solicitados, suas curtidas e suas emoções, como se fossem italianos, mesmo que o resultado seja que todos acabem vivendo a vida como nerds introvertidos.

Frank Rose, ex-editor da *Wired*, observou uma década atrás que nosso mundo atual é basicamente uma nota de rodapé da cultura *Otaku* dos anos 1980 no Japão, a subcultura em que adolescentes escapam do mundo real para viver em um universo de personagens fantasiados de mangá ou anime, tendo relações gamificadas com outras pessoas da ficção.[47]

Adaptados e não adaptados, virtude e vício, não dependem muito dos sistemas de valor universais nem de convenções morais subjetivas, mas de seus efeitos em nós mesmos e no resto da humanidade em certo ponto no tempo. Todo hábito ou padrão comportamental existe em nós, em nossa grande variedade de repertórios comportamentais, desde os primórdios da humanidade.[48] Mas o que expressamos, e se é considerado bom ou ruim, pode ser julgado apenas em relação a seus resultados individuais e coletivos. Como observou Will Durant: "Todo vício já foi uma virtude e pode se tornar respeitável de novo, assim como o ódio se torna respeitável em tempos de guerra."[49] Não há um meio de nos julgar, exceto com ambivalência, aceitando a ambiguidade do comportamento humano e a complexidade da natureza humana.

Grande parte dos padrões problemáticos que podemos condenar em nossa época — desde hábitos sedentários e consumo excessivo de *fast-food,* que disparam a obesidade, até comportamentos TDAH causados por nosso vício compulsivo em smartphone e pelo tempo excessivo na tela — é possivelmente causada por uma incompatibilidade entre antigas adaptações do homem e os desafios atuais, que deixam essas adaptações antigas obsoletas, se não improdutivas.[50]

Por exemplo, provavelmente a ganância era uma virtude na época de extrema escassez de alimentos, focando a mente humana no acúmulo implacável de recursos, otimizando a vida para a própria sobrevivência.[51] Mas, quando o alimento é farto e os recursos são abundantes, é a moderação, não a ganância, que se torna uma virtude, com a ganância portando as sementes da autodestruição. Da mesma forma, a curiosidade pode ser uma virtude em grupos ou sociedades que premiam o aprendizado, o conhecimento geral e a mente aberta, mas uma maldição se o desejo de explorar diferentes ambientes, lugares ou pessoas puder nos colocar em risco ou nos distrair a ponto de diminuir nosso foco e nossa produtividade.[52]

Os elementos sombrios do comportamento humano são qualquer coisa que consideramos indesejável, tóxica, improdutiva ou antissocial em face dos desafios específicos de adaptação impostos por nosso ambiente atual. Simplificando, o lado sombrio da IA é o lado sombrio do homem na era da IA, pois a IA, como qualquer nova tecnologia de influência, tem o poder não só de revelar, mas também de ampliar, as qualidades humanas indesejáveis, como nossa natureza impulsiva, de distração, iludida, narcisista, previsível, preguiçosa ou tendenciosa. Quando culpamos a IA, ou qualquer tecnologia nova, por nos enganar, nos corromper ou nos tornar criaturas aparentemente irritantes ou desagradáveis, é revelada uma desconexão entre as tendências de adaptação histórica ou as predisposições e os novos desafios ambientais, ou seja, o maior desafio de hoje é a IA.

Este livro é sobre como a IA não só expôs, mas também aumentou, algumas de nossas piores características. Pense nisso como o pecado humano da era de pré-automação. Se queremos recuperar nossa humanidade e nos lembrar, assim como qualquer possível visitante de Marte (pressupondo que eles possam pagar por um lugar na Space X), de nosso suposto status especial como espécie, então devemos aprender a controlar nossas tendências desajustadas e a redescobrir as qualidades que nos tornam especiais.

Nesse sentido, o mais notável na IA não é a IA em si, o que dirá sua "inteligência", e sim sua capacidade de remodelar como vivemos, em particular por meio da habilidade de exacerbar certos comportamentos humanos, transformando-os em tendências indesejáveis ou problemáticas. Sem considerar o ritmo do avanço tecnológico e a rapidez com que as máquinas podem adquirir algo semelhante à inteligência, nós — como uma espécie — estamos exibindo alguns de nossos traços menos desejáveis, mesmo segundo nossos próprios padrões baixos. Este aspecto da era da IA deve nos preocupar mais: não é sobre automatizar o ser humano, mas sobre degenerar ou deteriorar a humanidade.

Capítulo 2

Armas de Distração em Massa

Como a era da IA tornou a vida uma grande interrupção

> Para onde sua atenção vai, e seu tempo.
> — **Idowu Koyenikan**

17h03, 7 de outubro de 2020

Estou em home office no Brooklyn, diante de três telas, cada uma com pelo menos sete apps abertos. Meu desejo de evitar as distrações humanas, digamos, o analógico, na casa (crianças em lockdown) explica por que estou usando fones de ouvido com cancelamento de som, que reproduzem minhas músicas no Spotify e me permitem ignorar qualquer ruído de fundo. Mas as pessoas em minha ligação pelo Zoom não têm tanta sorte. Por causa de meu microfone de alta fidelidade, muitíssimo sensível ao som, elas estão acusticamente mais próximas de meus filhos e de meu caos doméstico que eu.

Conforme escrevo, adiciono músicas diferentes à minha playlist, que também compartilho com os amigos. Eles comentam sobre minhas músicas no WhatsApp e compartilham suas próprias músicas. No processo, acompanhamos as notícias do mundo e do futebol, além da fofoca maldosa. Enquanto isso, chegam mensagens, com seus alertas irritantes característicos, em meus diferentes e-mails, e alterno entre a lista crescente de tarefas e minha agenda caótica, que me lembra de levantar cedo amanhã (estou falando em uma conferência virtual em Singapura às 4h30 pelo meu horário). Com todas essas trocas e distrações, me sinto um recipiente físico que gera registros digitais de sua mente esquizotípica desconcentrada, traduzindo a atividade cerebral em uma série de 0s e 1s codificados para alimentar o apetite insaciável da IA.

• • •

Agora são 10h36, 29 de dezembro de 2021. Estou em Roma, com o mesmo computador, os mesmos dispositivos e até uma variedade maior de apps se estapeando para interromper minha pobre atenção. Como se pode imaginar, é um milagre que este livro tenha sido terminado. Ainda bem que não estou escrevendo um livro tão longo quanto *Em Busca do Tempo Perdido* (4.215 páginas), embora o título de Proust seja bem adequado para a época em que vivemos.

A Economia da Atenção de Dois Segundos

Embora a implantação da IA como ferramenta de distração seja um fenômeno relativamente novo, a economia da atenção e a comoditização de nosso interesse e de nossas preferências têm uma história bem mais longa.

Décadas atrás, o psicólogo e ganhador do Nobel Herbert Simon destacou pela primeira vez que o ser humano estava lutando com a sobrecarga de informação e que "a quantidade de informação" que temos todos os dias cria uma "pobreza de atenção".[1] Temos a tendência de valorizar mais as coisas quando elas são escassas, e uma superabundância de algo comoditizará e banalizará esse algo, por exemplo, marcas de cereal, canais de TV ou e-mails não solicitados enchendo sua pasta de spam com "ótimas oportunidades".

Armas de Distração em Massa 29

Apesar de a economia da atenção ter se iniciado com a invenção da imprensa no século XIX, que expandiu radicalmente a disseminação da informação conforme os editores competiam pelo tempo e pela atenção dos leitores, os computadores levaram isso a outro nível.[2] Simon previu que, conforme a informação — incluindo as tecnologias para registrá-la e disseminá-la — crescer exponencialmente, a competição pela atenção humana, um recurso finito, se intensificará ainda mais: "É bem óbvio o que a informação consome: ela consome a atenção de seus destinatários."[3]

As palavras dele, escritas há cinquenta anos, se tornaram uma profecia conhecida. Quando todos negociamos a informação, não é apenas ela que fica desvalorizada, mas também nossa atenção. Eu me lembro, em minha primeira visita a Tóquio, quase vinte anos atrás, do bombardeio sensorial de passar só alguns minutos no metrô — cada centímetro de espaço tinha uma propaganda, anúncios constantes e usuários com jogos ou vendo filmes em seus dispositivos — ou nos emblemáticos pachinkos (jogo de azar praticado em máquinas). Avance rápido para a atualidade e todos estamos imersos em um mar de estímulo sensorial parecido em quase todo lugar.

A batalha pelo foco, pelos meros segundos de atenção, chegou a níveis épicos e se intensificou com a métrica baseada em dados, como cliques, curtidas, visualizações e tags, que são críticos para melhorar a capacidade da IA de entender e de influenciar os consumidores. Atenção e dados são dois ingredientes principais da era a IA.[4] Sem atenção, não há dados; e, sem dados, não há IA.

A quantificação de nossa atenção, ou seja, a capacidade da IA de armar essa informação, cria um círculo vicioso: como nossa atenção é escassa e a informação é abundante, a batalha por nossa atenção se acentua. A Netflix compete com o Twitter, o Twitter compete com o *New York Times*, e o *New York Times* compete com o Instagram; todos competem por nosso tempo precioso e por nosso foco, ainda mais caro. Seus algoritmos almejam nossa atenção, e seus modelos de negócio dependem dela, o que torna nossa atenção altamente valiosa, sobretudo porque resta pouco dela para ser capturada após o consumo dos algoritmos. Isso também leva a uma sobrecarga de informação ainda maior, ameaçando nos distrair mais.

O resultado é a degradação do foco que causa comportamentos do tipo TDAH (transtorno do deficit de atenção com hiperatividade), como uma hiperatividade sem fim, tédio rápido e impulsividade (mais sobre isso no próximo capítulo). Esses sintomas são mais evidenciados durante a abstinência digital: aqueles vinte minutos no metrô ou as seis horas offline no voo sobre o oceano, que, sem nenhuma surpresa, se tornaram bem opcionais nos últimos anos, pois mais passageiros ativam o Wi-Fi no voo. Se a internet, a rede social e a IA podem ser descritas como uma máquina de distração, a suposição é a de que sempre que nos ocupamos com o conteúdo dessas atrações tecnológicas, a tendência é ignorar a vida: sem dúvidas, é mais apropriado ver a vida como a distração real, pois, falando estatisticamente, ela foi rebaixada a uma interrupção psicológica ocasional em relação a nosso estado quase perpétuo de foco e de fluxo digitais.

Pelo menos 60% estão online agora, e, nas nações desenvolvidas, o usuário médio de internet passará cerca de 40% de seu tempo acordado estando *ativo* online.[5] Mas o tempo online *passivo* — ficar conectado aos dispositivos e emitir dados, mesmo quando não interagimos ativamente com eles — compõe uma parte importante de nosso tempo acordado restante. Você precisa se afastar do celular, do computador e dos acessórios pessoais inteligentes para realmente estar offline ou viver uma existência puramente offline. No meu caso, isso não acontece nem enquanto durmo, a menos que meu smartwatch e meu anel inteligente fiquem sem bateria. O eu *des*quantificado agora é mais ilusório do que nosso eu quantificado. E, na rara ocasião em que nossa atenção está realmente dedicada a algo que não pode ser encontrado online, provavelmente criaremos um registro online, como se não valesse a pena viver a vida analógica. Em 2019, a Apple vendeu mais relógios do que todo o setor de relógios suíços combinado, e espera-se que o software de rastreamento do local de trabalho, que aumentou drasticamente com os trabalhos híbrido e remoto, seja adotado por 70% das grandes empresas nos próximos três anos.[6]

A era da IA tem sido descrita como "a forma mais padronizada e centralizada de controle da atenção na história da humanidade. A economia da atenção incentiva o design de tecnologias que capturam nossa atenção. Ao fazer isso, privilegia nossos impulsos acima de nossas intenções".[7] É como se estivéssemos hipnotizados pela IA, possuídos por um fluxo de informação sem fim, imersos em um profundo mar de distrações digitais. Mais do que nunca, podemos estar mentalmente ausentes e separados de nossa existência física, o que torna o metaverso muito menos futurista do que podemos ter imaginado. Nossas experiências offline e, de fato, a existência agora estão muito fora de foco. Inevitavelmente, isso impactará nossa capacidade de pensar com seriedade sobre importantes questões sociais e políticas, como se nosso cérebro estivesse sedado intelectualmente pela IA. Como destaca o autor Johann Hari: "Um mundo cheio de cidadãos privados de atenção alternando entre o Twitter e o Snapchat será um mundo de crises em cascata, onde não conseguimos ter controle sobre nenhuma delas."[8]

Uma Vida Menos Focada

Embora seja muito cedo para observar qualquer efeito significativo da tecnologia sobre nosso cérebro, é plausível que ocorrerão efeitos de longo prazo. Como observou Nicholas Carr, que escreve sobre a interseção entre tecnologia e cultura no livro *Geração Superficial: O que a Internet Está Fazendo com os Nossos Cérebros*, uma exposição contínua à mídia online demanda uma mudança cognitiva de um processamento intelectual mais profundo, como um pensamento focado e crítico, para processos rápidos de piloto automático, como uma leitura dinâmica, mudando a atividade neutral do hipocampo (a área do cérebro envolvida no pensamento profundo) para o córtex pré-frontal (a parte do cérebro envolvida nas transações subconscientes e rápidas).[9] Em outras palavras, estamos trocando precisão por velocidade e priorizando a tomada de decisão impulsiva acima do julgamento intencional. Nas palavras de Carr: "A internet é um sistema de interrupção. Ela toma nossa atenção só para embaralhá-la."[10]

Uma evidência, mesmo que preliminar, sugere que certas influências do cérebro induzidas pela tecnologia já podem ser vistas (e medidas), como mudanças na massa branca em crianças da pré-escola como resultado de um extenso uso da tela. Nos EUA, a estimativa é que 62% dos alunos do ensino fundamental agora usam redes sociais durante a aula, e até 50% das distrações em sala foram atribuídas a elas.[11] Os alunos na faculdade passam incríveis oito a dez horas *por dia* nas redes sociais, e, como o esperado, o tempo online é inversamente correlacionado ao desempenho acadêmico.[12] Não é nenhuma surpresa que haja pesquisas com evidência consistente ligando níveis mais altos de uso do Facebook a níveis mais altos de distração acadêmica, o que, por sua vez, diminui o rendimento acadêmico.[13]

Notificações, mensagens, postagens, curtidas e outras recompensas de feedback alimentadas pela IA sequestram nossa atenção e criam um estado constante de hiperatenção, interrupção e distração, capaz de gerar níveis importantes de ansiedade, de estresse e de introversão.[14] Isso é particularmente problemático nos jovens, no meio de seu desenvolvimento intelectual e de identidade, dependendo dos sinais de validação e do feedback dos outros. E mais, quando nossa atenção é apropriada pelas distrações ativadas pela IA, a tendência é contar com uma tomada de decisão mais intuitiva ou heurística, que inclui disparar nossas tendências, nossos estereótipos e nossos preconceitos, todos propensos a tornar os jovens (e os não tão jovens) mais intolerantes e menos inclusivos.[15] Para ter uma mente aberta, é preciso querer buscar proativamente a informação que vai de encontro às próprias atitudes, o que é muito mais difícil, e menos provável, quando a pessoa não está prestando atenção e está à mercê dos algoritmos da IA.[16]

Uma evidência científica interessante indica que distrair os jovens da rede social tende a provocar estresse neles, algo muito parecido com separar fumantes ou alcoólatras de seus vícios.[17] De fato, níveis menores de controle da atenção foram associados a níveis maiores de ansiedade, e a grande variedade de distrações digitais entregues pela era da IA é uma ameaça ao nosso controle da atenção porque a monopoliza. Quanto mais vulnerável você for aos deficits de controle da atenção, mais seu aprendizado será prejudicado pelas distrações digitais. Assim, nas pessoas naturalmente propensas à desatenção porque têm menos potencial de ter controle da atenção, o uso da rede social causa níveis muito mais altos de sofrimento psicológico.[18] Estar conectado digitalmente também prejudica a saúde e o bem-estar físico das pessoas. Já nos primeiros estágios da IA e da fase da rede social, estudos acadêmicos mostraram uma forte correlação entre o uso da tela e o índice de massa corporal, com o comportamento sedentário aumentando porque os aspectos naturalistas da atividade física diminuíram continuamente nos últimos 25 anos conforme as tecnologias da internet ficaram mais populares.[19]

O professor David Meyer, um importante acadêmico multitarefas, compara o dano da era da IA com os dias de glória do setor de tabaco: "As pessoas não estão cientes do que acontece em seus processos mentais do mesmo modo como, anos atrás, elas não podiam examinar seus pulmões e ver os resíduos depositados."[20] Embora isso possa ser um exagero, fica claro que nossos padrões típicos de foco mudaram drasticamente só nos últimos quinze anos. Pegando emprestado as palavras da escritora de tecnologia Linda Stone, estamos vivendo em uma era de "atenção parcial contínua".[21]

A psicologia cognitiva estudou a atenção flutuante por décadas. Uma das teorias da atenção mais notáveis deu origem ao famoso efeito *coquetel*, que explica a experiência comum de conversar com alguém em uma festa até a atenção ser interrompida pelo som de uma palavra familiar — talvez nosso nome ou o nome de alguém importante para nós — falada em segundo plano por outro convidado.[22] Em geral, nós nos voltamos para a pessoa e percebemos que realmente a estávamos ouvindo, pelo menos em parte.

Isso leva a uma questão interessante, ou seja, se nossa atenção no mundo offline é menos focada do que achamos. Talvez algumas coisas estejam no palco, como no teatro, mas há outras acontecendo nos bastidores às quais não estamos totalmente alheios, como pessoas sussurrando no cinema quando você tenta ver um filme. Por exemplo, podemos jantar com alguém, tentar ouvir um colega em um encontro presencial ou brincar com nossos filhos, tudo sem lhes dar nossa atenção total. Para tanto, a era da IA fornece uma enxurrada infinita de distrações automatizadas para preencher não apenas nosso palco mental, mas os bastidores, penetrando nossa experiência e nossa existência offline ao manter parte de nós sempre focada, se não sempre dependente, nas atualizações digitais.

Seria ótimo ter uma solução simples para esses problemas, mas não existe. A tecnofobia pode parecer uma opção tentadora, mas tem um alto preço social e econômico, isso é, nos tornar cidadãos inúteis e improdutivos da era da IA, quando os ludistas raramente são aceitos ou integrados. Estar offline é igual a ter toda sua existência ignorada, como a árvore mítica da floresta que cai quando não há ninguém para ouvi-la. Bloquear apps ou limitar o acesso à internet é um compromisso intermediário óbvio, nos permitindo pelo menos evitar algumas distrações digitais.[23]

Diferentemente de nossos ancestrais diretos, que eram recompensados por absorver o máximo possível que podiam dos ambientes sensoriais, hoje ser adaptado é a capacidade de ignorar, de não vigiar com cuidado nossos ambientes, porque habitamos um mundo de ruído, de distração e de lixo sensorial ubíquo. Em tempos de sobrecarga de informação e de bombardeio ininterrupto das redes sociais, distração é a destruição de nossos preciosos recursos mentais, e a única receita para a produtividade são uma autodisciplina e um autocontrole implacáveis. De forma adequada, a internet está infestada de conselhos de autoajuda sobre como evitar distrações e aumentar nosso foco e nossa produtividade, tudo inversamente relacionado ao tempo gasto internalizando esse conselho online.

Quando o lendário gênio do jazz John Coltrane, passando por uma fase compulsiva de tocar saxofone, lamentou com o companheiro de banda Miles Davis que ele não conseguia parar de tocar o instrumento, Miles respondeu: "Já tentou tirar o bendito da boca?" Podemos aplicar a mesma lógica ao controlar nossas distrações digitais mais recorrentes. Por exemplo, descobri que um modo útil de não ser distraído pelo Facebook é apagar o app. Quem teria pensado nisso? Com certeza há vezes em que tenho saudades do sentimento nostálgico de bisbilhotar meus amigos do ensino médio, de monitorar o que pessoas estranhas estão comendo ou de ver se meu primo distante entrou no salão de negócios, mas suspeito que isso pode não ser uma perda terrível para a civilização.

Ferramentas de Improdutividade

A maioria das tecnologias é planejada para melhorar nossa produtividade. Contudo, embora a primeira onda da revolução digital (final dos anos 1990 e início dos anos 2000) tenha registrado aumentos de produtividade relativos, muito disso pode ser atribuído à criação de setores com muita TI e à expansão afim da economia do conhecimento. Basicamente, foi criado um novo setor, permitindo que muitas pessoas se requalificassem e toneladas de novos negócios surgissem. Imagine que tudo que já existia offline tivesse de migrar para o online também. Porém, como observa o *Economist*: "Desde meados dos anos 2000, o crescimento da produtividade caiu, talvez porque o ônus da distração tenha cruzado algum limite crítico."[24]

Em outras palavras, as mesmas tecnologias que nos permitiram trabalhar com mais eficiência por meio de ferramentas de gerenciamento da informação democratizadas e em escala, como e-mail, internet e smartphones, introduziram muitas distrações novas que fizeram uma disrupção em nossos possíveis ganhos de produtividade. Algumas estimativas sugerem que os trabalhadores pegam seus smartphones para atividades não relacionadas ao trabalho com a frequência de duas vezes por minuto, e o tempo de recuperação da tarefa após uma interrupção digital típica — por exemplo, verificar o e-mail, os resultados dos esportes, o Facebook ou o Twitter durante o trabalho

— pode ser de até 23 minutos.[25] Se você ainda acha que pode ficar mais produtivo, então o sarrafo estava muito baixo no começo.

Os profissionais especializados, provavelmente mais do que os outros que passam seus dias úteis conectados digitalmente e que antes eram os principais beneficiários das tecnologias digitais, gastam cerca de 25% de seu tempo lidando com distrações digitais.[26] O *Economist* calcula que as distrações digitais custam para a economia dos EUA, onde os profissionais especializados representam pelo menos 60% do PIB, até US$650 bilhões por ano.[27] Estudos acadêmicos sugerem que a perda de produtividade causada por distrações poderia ser incrivelmente *quinze* vezes mais alta que o absenteísmo, a doença e os problemas de saúde. Cerca de 70% dos trabalhadores informam deficits importantes de produtividade devido às distrações no smartphone.[28]

A multitarefa é uma bela ideia, mas também um grande mito. É reconfortante pensar que podemos realizar mais fazendo várias coisas ao mesmo tempo, e talvez isso até faça sentido. As pessoas tendem a perceber a multitarefa como uma estratégia de produtividade eficiente, mas uma pesquisa indica que grande parte do que elas veem como multitarefa é, de fato, apenas uma troca de tarefas.[29] Estimativas indicam que a multitarefa deduz o equivalente a dez pontos no QI de nosso desempenho e é duas vezes tão debilitante quanto fumar maconha (e, pode-se supor, menos divertido).[30] Realmente, existem alguns paralelos, como: ver ou ouvir um smartphone aumenta nossos níveis de cortisol — da mesma forma que a marijuana. Embora seja óbvio que os smartphones ajudam muitíssimo a trabalhar com mais eficiência, estimativas pré-pandemia indicaram que entre 60% e 85% do uso do smartphone durante as horas de trabalho eram dedicados a atividades não ligadas ao trabalho.[31] O ócio cibernético já foi definido como a quantidade de tempo de trabalho que as pessoas passam acessando a internet, mas agora muitas pessoas às vezes parecem trabalhar durante o tempo na internet, invertendo o desequilíbrio anterior. Com certeza aqueles que se preocupam se as pessoas conseguem trabalhar produtivamente de casa superestimam a porcentagem do tempo real que elas dedicam ao trabalho quando estão no escritório, não importando se as distrações são causadas por colegas ou smartphones.

É um pouco irônico o fato de que a principal razão para a tendência de a maioria se opor ao trabalho híbrido, em particular trabalhar em casa, seja a suposição de que as pessoas que não são motivadas o bastante para ser produtivas em casa desejam ser produtivas quando estão no escritório. Claro, a menos que o escritório possa fornecer uma distração bem-vinda de uma imersão digital 24 horas, 7 dias por semana, lembrando às pessoas que o trabalho também permite conexões físicas com os outros e muitas vezes é bem estimulante e recompensador interagir com seres humanos tridimensionais usando sapatos. Na era da IA, ser distraído pelos colegas de trabalho pode ser uma distração bem-vinda em relação à IA e um sopro nostálgico de ar fresco.

O interessante é que as empresas de IA devem cultuar o trabalho em casa, uma vez que significa mais atenção e dados de todos, e maior adoção de suas ferramentas (cortesia dos níveis menores de interferência física ou do mundo real), mas, quanto aos seus próprios funcionários, elas ainda preferem retornar as pessoas para o escritório.[32] O mantra de *Scarface* "não fique chapado com seu próprio suprimento" é curiosamente relevante para o mundo da Big Tech.

Perda na Pesquisa do Significado

Não faltam artigos sobre autoajuda e produtividade em relação à frequência com que devemos usar nossos dispositivos, e a resposta é sempre "menos". Na teoria, todos podemos concordar. Na prática, não, sendo por isso que nunca realmente nos separamos de nossas telas.

Existem muitos modos mais proveitosos de viver nossos dias do que doomscrolling (gastar uma quantidade excessiva de tempo com notícias negativas) no Twitter e é fácil identificar o paradoxo que fundamenta o próspero mercado para apps supostamente criados para nos ajudar a combater nosso vício no smartphone, como pessoas que "respondem a todos" para reclamar sobre pessoas que pressionam "responder a todos".[33] Mas essas fantasias naturalistas do que talvez seja uma abordagem mais orgânica e atenta da vida parece bem distante para aqueles que dependem da tecnologia não só para socializar, aprender e passar o tempo, mas também para tentar ser produtivos no trabalho, como aprendemos quando usamos a tecnologia para ficar ativos profissionalmente durante a pandemia.

Afinal, tivemos a escolha de passar nossas horas em lockdown *não* maratonando o YouTube ou a Netflix, o que aumentou os assinantes pagos em 31% em 2020, cada um assistindo em média 3,2 horas de conteúdo por dia.[34] Do mesmo modo, ninguém nos forçou a aumentar nosso uso do Zoom ou do Microsoft Teams, em oposição a apenas usar o telefone, ou passar ainda mais tempo no Facebook e no Instagram, em oposição a ler livros, arrumar nossa casa ou fazer pão, algo que se tornou uma atividade popular durante o lockdown, pelo menos com base nas atualizações de rede social das pessoas. Da mesma forma, uma explosão recente de podcasts mostra que as tentativas de escapar do espaço digital lotado de gente com atualizações efêmeras de redes sociais para focar nossa mente com um conteúdo mais substancial são rapidamente povoadas e invadidas com uma sobrecarga de conteúdo. O Spotify foi de 450 mil assinantes pagos de podcasts em 2019 para 2,2 milhões em 2021, e agora ostenta muitos podcasts.[35] Por onde começar? O que escolher? Como ficar focado em um, quando há tantas opções?

Como muitos pais perceberam agora, não é mais racional pedir que as crianças parem de jogar no computador ou desliguem seus iPads quando eles próprios mal conseguem se desconectar e o mundo físico não fornece nenhuma distração alternativa óbvia. O interessante é que Steve Jobs já tinha observado que seus filhos não tinham permissão para chegar perto de seu iPad e que eles nunca teriam um.[36] Há alguns dias, uma mãe que conheço expressou profunda raiva e indignação com o fato de que seu filho da pré-escola tinha roubado e hackeado o iPad dela, se escondendo por horas dentro do closet para assistir a vídeos. Julgando pelo que os pais fazem todos os dias, seria mais lógico que as crianças se rebelassem em segredo saindo para brincar no parque enquanto os pais as forçam a passar o dia nos iPads. Do mesmo modo, todos ficamos chateados quando nossos parceiros estão sempre ao telefone, e nós sempre nos nossos.

Embora há muito lamentemos nosso tempo excessivo na tela, a tendência ainda é ascendente, inclusive para os mais velhos. Uma pesquisa da Nielsen em 2019 descobriu que os norte-americanos de 65 anos ou mais passavam 10 horas por dia ou mais nas telas. Mesmo para as pessoas que ficam em média "apenas" 3 ou 4 horas do tempo diário na tela, que está abaixo da média dos EUA, isso ainda significa cerca de 10 anos de nossa vida gastos em uma tela.[37] É seguro supor que a maioria de nós sente culpa com essas estatísticas, embora a negação seja sempre uma alternativa reconfortante. A pergunta é: por que não abrimos mão da tela para interesses mais reais, ou seja, crianças, escola, o surgimento da Lua a cada dia, as folhas que caem? O motivo? Nosso medo de ficar de fora (síndrome de FOMO, em inglês) é maior do que qualquer lamentação que possa surgir por ficarmos de fora de qualquer atividade da vida real.

Ainda me lembro de minha surpresa quando, em uma conferência de marketing dez anos atrás, havia um interesse crescente em entender o impacto de nossa segunda ou terceira telas, fazendo alusão ao fato de que as pessoas estavam começando a assistir a programas de TV enquanto navegavam nos iPads e talvez também conversavam com os amigos por telefone sobre um ou outro. Pode parecer difícil acomodar a quarta tela, a menos que consideremos nossos smartwatches, os dispositivos de nossos parceiros ou o que resta do mundo real. De fato, podemos estar prontos para a Neuralink, a IA de Elon Musk implantada no cérebro, apenas para simplificar e consolidar tudo dentro de nossa mente, ou para uma realidade virtual permanente a nos transportar para uma realidade diferente, menos distraída. O metaverso está mais próximo do que pensamos. Percebendo ou não, agora todos nós vemos o mundo pela lente da IA, de alguma forma conseguindo prestar cada vez menos atenção no mundo real.

Se viver em um estado de desfoque permanente é o preço pago para ceder ao conjunto sem fim de distrações digitais, o que realmente conseguimos com isso? Para qualquer tecnologia ou inovação se tornar ubíqua, ela tem de atender a nossos profundos desejos psicológicos, além de algumas necessidades de evolução. Existe algo mais profundo aqui do que ficar entediado ou ter a síndrome de FOMO se não acompanharmos nossas atualizações digitais. Esse algo provavelmente é nossa sede de significado, ou seja, nosso desejo de entender o mundo e traduzir uma realidade caótica, ambivalente e imprevisível em um mundo significativo, familiar e previsível.

Embora sempre tenhamos buscado o significado com uma paixão incansável, as fontes de significado tenderam a mudar um pouco ao longo de nossa história evolucionária. No começo, contávamos com xamãs e com a sensatez dos membros antigos e sábios do grupo. Fazíamos perguntas difíceis e acreditávamos nas respostas deles. Então vieram o misticismo e a religião, seguidos rapidamente pela filosofia, pela ciência e por qualquer seita ou escola de conhecimento que se possa imaginar. Depois da filosofia, encontramos significado na ciência, e sempre houve a arte, a música, os esportes, o entretenimento e, claro, a experiência. A vida nos dá os ingredientes brutos para construir um vasto catálogo de significado; adoramos a convicção de tê-lo e nos desesperamos quando não conseguimos encontrá-lo.[38]

Porém a era da IA complicou nossa relação com o significado. Por um lado, ela nos deu muito, nos inundando com sons, imagens e informações especialmente adequados aos nossos desejos e necessidades. Os inúmeros estímulos que encontramos todos os dias são algo sem precedentes na história da humanidade, desde imagens do Facetune no Instagram até acidentes de carro, ataques terroristas, revoltas no YouTube e todo o resto. Cada vez mais esse bombardeio de estímulos é empoderado por algoritmos que nos levam a clicar, curtir e comprar, o que implica na validação do significado ou, pelo menos, em nosso desejo por mais.

Por outro lado, ficamos anestesiados com tudo. Como destaca Gregory Robson na Iowa State University, a consequência do excesso de estímulo sensorial muitas vezes é a falta de estímulo intelectual.[39] Podemos percorrer o Instagram, navegando imagens selecionadas de nossos amigos e celebridades, mas com que frequência extraímos um significado real dessas experiências? Na fase inicial da era digital, estávamos mais preocupados com o aumento das distrações; agora mudamos para uma fase na qual a própria vida parece uma completa distração. Nossa maior esperança parece ser nos tornar a distração digital de *outra pessoa*, que, além das métricas de autofelicitação da popularidade digital, não torna nossa própria vida muito satisfatória.

Historicamente, sempre dependemos da experiência para modelar nossas atitudes e nossos valores. Contudo, sentimos e formamos nossas próprias opiniões com impressões e experiências vividas.[40] Mas, quando nossas experiências se limitam a informações algorítmicas pré-digeridas para atender a nossos valores ou crenças existentes, somos privados do equivalente intelectual do processamento metabólico, assim como o consumo de besteiras ou de alimento processado diminui a velocidade de nosso metabolismo.[41]

Parecemos encontrar significado apenas quando temos um meio de nos retirar do excesso de informação, da ubiquidade da superexposição simbólica ou da repetição chata da experiência humana cotidiana. Encontrar mais momentos para ser nós mesmos, longe da multidão digital, na esperança de podermos abstrair nossa mente no pensamento profundo, pode realmente ser a melhor aposta para recuperar mais do significado que nossa vida parece ter perdido. A escolha é nossa: ignorar o irrelevante, ao invés de torná-lo relevante se ocupando com ele. Nossa passagem para o metaverso não foi reservada ainda, mas negligenciamos a vida como a conhecemos, por nossa conta e risco.

Entretanto, como o próximo capítulo mostrará, a era da IA também faz disrupção em um dos maiores mecanismos mentais para resistir às distrações de atenção: nossos sensos de autonomia e de autocontrole. Os mesmos algoritmos responsáveis por brincar com nosso foco e nossa concentração, emaranhando um conjunto sem fim de incentivos digitais e atrações virtuais, estão destruindo nossa paciência e nossa capacidade de adiar a gratificação e de fazer sacrifícios mentais de curto prazo para aproveitar os benefícios emocionais e intelectuais de longo prazo.

TESTE VOCÊ MESMO

Você Está sem Foco?

Concorde ou discorde das seguintes afirmações:

- Seu tempo de tela continua a aumentar, em parte porque você continua monitorando suas estatísticas de tempo na tela.
- Raramente você almoça ou janta com alguém sem verificar o celular.
- Você acorda no meio da noite para verificar o celular.
- Você gosta das reuniões virtuais, contanto que possa ser multitarefa.
- Nas reuniões físicas, você vai ao banheiro para verificar suas mensagens em segredo.
- Tende a conectar o Wi-Fi nos voos, mesmo sem trabalho para fazer.
- Você acha difícil se concentrar ou focar algo por mais de cinco minutos seguidos.
- Você experimentou apps de produtividade, como bloqueadores de distração, com pouco sucesso.
- Seus amigos, seu parceiro ou seus colegas de trabalho reclamaram sobre seu vício em smartphone.
- Você ficou distraído com outros apps, sites, e-mails ou alertas enquanto tentava concluir essa pequena avaliação.

Dê um ponto para cada afirmação com a qual concorda, então some os pontos.

0–3: Quando se trata de distração, provavelmente você é um extravagante cultural, como alguém ainda vivendo nos anos 1980.

4–6: Você está na faixa, podendo ser facilmente levado para a direção de mais foco, atenção e menos distração, mas ainda precisa trabalhar nisso.

7–10: Você é o usuário perfeito das redes sociais e um símbolo cultural da era da IA. Um detox de suas plataformas alimentadas por IA e de suas ferramentas pode ser o único modo de se lembrar do que está perdendo enquanto sua atenção é sequestrada por tecnologias digitais: isso se chama *vida*.

Capítulo 3

O Fim da Paciência

Como a era da IA está nos tornando mais impulsivos

O homem civilizado difere do selvagem principalmente pela prudência ou, usando um termo um pouco mais amplo, premeditação. Ele está disposto a suportar as dores presentes pelo bem dos prazeres futuros, mesmo que esses prazeres estejam bem distantes.
— **Bertrand Russell**

"Quem espera sempre alcança." Será?

Na história da humanidade, as mentes mais brilhantes destacaram o poder da paciência. Por exemplo, Aristóteles escreveu que "a paciência é amarga, mas seu fruto é doce". Tolstói observou que "os mais fortes de todos os guerreiros são estes dois: tempo e paciência". Molière observou que "as árvores que demoram a crescer dão os melhores frutos", e Newton escreveu que "gênio é a paciência". Mas em um mundo estruturado em torno da premissa de um clique, o famoso provérbio — quem espera sempre alcança — mais parece um pretexto de pessoas que não cumprem prazos ou uma desculpa do gerente de um restaurante mal administrado.

Não vemos mais a paciência como uma virtude. Claro, talvez admiremos as pessoas que a exibem, mas só porque temos ciúmes delas.

São exceções — aberrações da natureza. É semelhante a como temos os líderes humildes em alta consideração porque a grande maioria é totalmente desprovida de humildade.[1]

Na era da IA, não lamentamos apenas nossas incapacidades de focar e de desligar, mas também a de ser pacientes. Nossa impulsividade está sem controle. Só alguns segundos de um arquivo carregando são suficientes para fazer nosso sangue ferver e uma conexão lenta talvez seja o equivalente mais moderno da tortura medieval. Para uma espécie outrora festejada por seu autocontrole, sua ação, sua deliberação e sua capacidade de adiar a gratificação, desviamos para níveis de paciência compatíveis aos de uma criança de 5 anos, em média. Não importa o que fazemos ou aonde vamos, parece que não conseguimos ser rápidos o bastante.

A Vida na Via Rápida

Nosso interesse em ir mais rápido alimentou grande parte da inovação tecnológica das últimas duas décadas. Antes da IA, dissemos o mesmo para o *fast-food*, para os carros e para quase toda esfera do consumo humano. A humanidade, pelo visto, parece preferir a perpétua aceleração, vivendo nossa vida no modo avanço rápido.

Embora a impaciência ou a impulsividade que temos para começar preveja nossa tendência de vício no WhatsApp, no Instagram e no Facebook, nossa dependência deles e de outras plataformas orientadas por IA aumentará mais nossos níveis de impulsividade, o que explica por que meros seis segundos de um vídeo sendo carregado são suficientes para disparar frustração em um adulto moderno típico.[2] (Não sei você, mas sou do tipo três segundos.) Estudos acadêmicos recentes mostram que um terço dos usuários de smartphone admite pegar seus telefones em cinco minutos após acordarem, provavelmente antes de tocar em seu cônjuge, e cerca de 40% declaradamente verificam os smartphones durante a noite.[3]

Desde os primórdios da internet, o uso viciante da tecnologia foi proposto como uma nova forma independente de patologia psiquiátrica, e há grande consenso sobre o fato de que o uso digital compulsivo espelha outros vícios, como jogar, beber ou fumar, em sintomas e em causas e consequências psicológicas.[4] Porém o que já foi considerado patológico e incomum — por exemplo, passar muito tempo jogando videogames, comprar online ou ficar grudado nas redes sociais — simplesmente se tornou o novo normal. Claro, a internet precisou surgir para que o vício nela existisse, mas em apenas duas décadas nossas compulsões digitais conseguiram subir e descer na escala de risco da saúde mental, indo de sintomas de uma patologia estranha e de nicho, e passando para um mero sintoma cultural ou social de nosso tempo.

Como avançamos! No fim dos anos 1990, todos estávamos empolgados com o som emocionante dos vinte segundos em que nosso computador tentava estabelecer uma conexão com a internet discada — o barulho de ser transportado para um novo mundo de possibilidades e interações aparentemente infinitas com amigos e parentes distantes. Avance duas décadas e um delay de cinco segundos em um e-mail que chega, uma atualização de app, de software ou a Netflix carregando parece suficiente para disparar o desejo de socar nossas telas ou jogar nossos dispositivos pela janela. Embora seja muito cedo para dizer se a IA está diminuindo nossa paciência ou acabando com ela, não restam dúvidas de que as maiores ferramentas relacionadas à IA, as inovações e os aparelhos estão muito focados em agilizar as coisas. Em geral, a IA é uma ferramenta de redução do tempo, tornando tudo mais rápido e mais eficiente.

Antes da era da IA, costumávamos sair para bares e conversar com as pessoas, beber e avaliar se deveríamos trocar números, conversar mais e determinar se deveríamos nos encontrar para nos conhecer. Então vieram o Tinder e o Bumble, diluindo grande parte da carga criativa até então atribuída aos encontros românticos presenciais. Antes da pandemia da Covid-19, o encontro online e pelo celular já aparecia como o principal modo de conhecer pessoas (39% dos norte-americanos heterossexuais e muito mais para os encontros LGBTQIAPN+).[5]

Um número significativo de solteiros, e de não solteiros, que visitou bares fez isso selecionando seus matches com antecedência por meio de apps de namoro no celular, levando alguns bares a oferecer as noites "Tinder Tuesday", em que 100% dos convidados tinham um encontro virtual marcado. O Tinder afirma que, desde seu lançamento há uma década, ele produziu 55 bilhões de matches, provavelmente mais do que todos os matches analógicos espontâneos na história dos bares modernos.[6]

Pense no processo de encontrar um trabalho. Basicamente, costumávamos contar com amigos, colegas e feiras de recrutamento, ou o boca a boca, e enviávamos currículos na esperança de fazer uma entrevista, conseguir um estágio ou participar de um centro de recrutamento formal. Então vieram o Indeed, o LinkedIn e o HireVue, e a perspectiva de empregos sob demanda que podem ser obtidos quase como um encontro do Tinder parece muito próxima. As plataformas de economia gig, como Upwork, Fiverr e Uber, ainda representam uma minúscula parcela do número total de trabalhos em qualquer economia, mas as coisas podem mudar.[7] A IA também está melhorando muito a experiência desses serviços, usando nosso comportamento do passado e o comportamento das pessoas que parecem e agem como nós, oferecendo um leque crescente de opções personalizadas que reduzem o tempo e o atrito que teríamos em uma reunião com pessoas novas ou para encontrar novos trabalhos.

Mas a capacidade de ter um encontro ou um trabalho não aumenta nossa satisfação com as escolhas, muito menos nosso sucesso de longo prazo com elas. Você precisará ter paciência para dar a devida chance a um encontro ou trabalho, avaliar se suas escolhas fazem sentido e evitar a síndrome de FOMO enquanto é bombardeado com alternativas reais e imaginárias. Não é diferente dos algoritmos da Netflix que recomendam instantaneamente o que devemos assistir, só para nos fazer pensar em todas as outras possibilidades que podemos ver, segundo nosso próprio mecanismo de recomendação. Mesmo quando a vida nos oferece um fluxo infinito de possibilidades e de oportunidades, inclusive um streaming de conteúdo ilimitado, nunca temos tempo suficiente para experimentar tudo, nos deixando incompletos e insatisfeitos devido à consciência do que não conseguimos vivenciar e estamos perdendo, pelo menos em nossa mente.

Esse FOMO compulsivo fica mais claro na compra online, com até 16% dos adultos norte-americanos supostamente entrando em padrões de consumo compulsivo com regularidade.[8] A maioria dos sites usa a IA para selecionar, empurrar e vender produtos aos clientes, criando relações fixas entre marcas e consumidores. Os indicadores de comportamentos identificados como os principais marcadores de compra online compulsiva parecem normais, mas desconfortáveis, sugerindo que o número real pode ser bem maior que 16%: "Passo muito tempo pensando ou planejando a compra online." "Pensamentos sobre comprar online ficam saltando na minha mente." "Às vezes compro online para me sentir melhor." "Fico incomodado e com peso na consciência por causa da minha compra online."[9]

Essas afirmações parecem tão comuns e normativas quanto "Em geral, compro online", mas isso não implica de forma alguma que as compras online não são problemáticas. Pelo contrário, indica o impacto generalizado que nossas compulsões de varejo online tiveram. Não seria nenhuma surpresa ver futuras regulações para proteger os consumidores desses hábitos. O prefeito da terceira maior cidade da Bélgica, Charleroi, recentemente pediu a abolição da compra online em seu país, descrevendo o e-commerce como uma "degradação social e ecológica".[10]

Não apenas regulamentos governamentais, mas também antídotos culturais surgiram para conter ou resistir à abordagem rápida e furiosa da vida introduzida pela era da IA, desde o movimento *slow-food* no norte da Itália até a proliferação de filmes de três horas ou séries de dez temporadas (como se a duração do conteúdo estivesse relacionada positivamente às indicações de prêmios), e até a filosofias de investimento financeiro de longo prazo, como a frase "só compre algo que você ficaria perfeitamente feliz em ter se o mercado fechar por dez anos",[11] de Warren Buffett. Isso parece um conselho de investimento, mas, para alguns, comprar ações da GameStop na Robinhood é mais divertido do que jogar dinheiro em um fundo de índice.

Porém todas essas tentativas de desaceleração são ofuscadas pelos desafios típicos impostos pela vida moderna, ou seja, nossa necessidade de acessar imediatamente informações, serviços ou pessoas só pegando nossos celulares. Considere como o TikTok, que foi de 100 milhões para 1 bilhão de usuários nos últimos três anos, com alguns países informando um tempo médio de uso de três horas por dia, usa a IA para conectar os consumidores, ganhando o título de "crack/cocaína digital".[12] Sem exigir que os usuários informem muito sobre eles mesmos, a plataforma consegue personalizar rapidamente as recomendações de conteúdo e utilizar progressivamente os padrões de visualização dos usuários para aumentar a relevância do conteúdo. Como os analistas observaram, "o TikTok é o primeiro app do consumidor tradicional em que a inteligência artificial É o produto. Ele representa uma mudança maior".[13]

O TikTok é altamente eficiente, mas não é perfeito. Como qualquer produto IA, a qualidade de seus algoritmos depende do exército de usuários que o treinam e o aprimoram. Quando investigadores do *Wall Street Journal* criaram cem contas automatizadas, descobriram que, com o tempo, "algumas contas acabavam perdidas em uma confusão de conteúdo parecido, inclusive uma que só assistia a vídeos sobre depressão. Outras recebiam vídeos que encorajavam transtornos alimentares, abuso sexual infantil e discutiam o suicídio".[14] Se essa aplicação mínima da IA para aumentar o vício da rede social pode ser tão impactante, é assustador pensar o que um mecanismo de IA completo e perfeito poderia fazer.

Nosso Cérebro com Velocidade

Se a era da IA precisa que nosso cérebro esteja sempre em alerta às menores mudanças e reaja com rapidez, otimizando a velocidade, não a precisão, e o funcionamento do que os economistas comportamentais rotularam de modo Sistema 1 (tomada de decisão impulsiva, intuitiva, automática e inconsciente), então não devemos nos surpreender por nos tornarmos uma versão menos pacientes de nós mesmos.[15]

Claro, por vezes é ótimo reagir rápido ou confiar nos instintos. O problema real ocorre quando a inconsciência rápida é nosso modo primário de tomada de decisão. Ela nos faz cometer erros e prejudica nossa capacidade de detectar os erros.[16] Mais do que nunca, decisões rápidas nascem da ignorância.

A intuição pode ser ótima, mas deve ser merecida. Por exemplo, os especialistas conseguem pensar rápido porque investiram milhares de horas em aprendizado e prática: a intuição deles se tornou orientada a dados. Só então eles conseguem agir rápido de acordo com sua expertise internalizada e sua experiência baseada em evidências. Enfim, a maioria das pessoas não é especialista, embora muitas vezes pense que é. A maioria de nós, sobretudo quando interagimos com os outros no Twitter, age na velocidade, na assertividade e na convicção do especialista, dando muitas opiniões sobre epidemiologia e crises globais sem a essência do saber que o fundamenta. E graças à IA, que assegura que nossas mensagens sejam entregues a um público com mais tendência a acreditar nelas, nossos delírios de expertise podem ser reforçados por nossa bolha de filtro pessoal. Temos uma tendência interessante de considerar as pessoas mais liberais, racionais e sensíveis quando elas pensam como nós.

Nossa impulsividade digital e nossa impaciência geral prejudicam nossa capacidade de crescer intelectualmente, desenvolver expertise e adquirir conhecimento. Considere a pouca constância e o rigor com os quais consumimos as informações reais. E eu digo *consumir*, em vez de inspecionar, analisar ou examinar. Um estudo acadêmico estimou que os primeiros 10% dos boatos digitais (muitos deles *fake news*) representam 36% dos retweets, e esse efeito é mais bem explicado em termos da chamada câmara de eco, em que os retweets se baseiam no clickbait (estratégia de divulgação online), que combina visualizações, crenças e ideologias de quem retweeta, a ponto de qualquer discrepância entre essas crenças e o conteúdo real do artigo subjacente passar despercebida.[17] Paciência significaria passar um tempo determinando se algo é real ou *fake news*, ou se há algum motivo sério para acreditar no ponto de vista de alguém, sobretudo quando concordamos com ele. Não é a ausência de algoritmos de verificação dos dados durante os debates à presidência que nos impede de votar em políticos incompetentes ou desonestos, mas nossa intuição. Dois fatores preveem principalmente se alguém vencerá a candidatura à presidência nos EUA: a altura do candidato e se queremos beber uma cerveja com ele.

Embora as plataformas na internet baseadas em IA sejam uma tecnologia relativamente recente, seu impacto no comportamento humano é consistente com uma evidência anterior sobre o impacto de outras formas de mídia em massa, como TV ou videogames, o que mostra uma tendência de alimentar sintomas como TDAH, impulsividade, deficits de atenção e uma hiperatividade incansável.[18] Conforme o mundo fica mais complexo e o acesso ao conhecimento se amplia, evitamos desacelerar para pausar, pensar e refletir, nos comportando como automações irracionais. Uma pesquisa indica que a informação mais rápida coletada online, por exemplo, fazendo perguntas urgentes e instantâneas no Google, prejudica a aquisição de conhecimento de longo prazo, além da capacidade de se lembrar de onde vieram os fatos e as informações.[19]

Infelizmente, não é tão fácil lutar contra nosso comportamento impulsivo ou manter nossa impaciência na linha. O cérebro é um órgão altamente maleável, com capacidade de se entrelaçar com os objetos e as ferramentas que utiliza. Algumas dessas adaptações podem parecer patológicas em certos contextos ou culturas, mas são ferramentas essenciais de sobrevivência em outras: uma impaciência incansável e uma impulsividade acelerada não são exceção.

Embora tenhamos o poder de modelar nossos hábitos a padrões de comportamento para nos ajustar ao nosso habitat, se o ritmo, não a paciência, for recompensado, então nossa impulsividade será mais recompensada do que nossa paciência. E, se qualquer adaptação é recompensada *em excesso*, ela se torna uma forma comoditizada e superutilizada, nos tornando mais rígidos, menos flexíveis e escravos de nossos próprios hábitos, além de menos capazes de mostrar o tipo inverso de comportamento.[20] A desvantagem de nossa natureza adaptável é que rapidamente nos tornamos uma versão exagerada de nós mesmos: nos moldamos aos mesmos objetos de nossa experiência, amplificando os padrões que asseguram o ajuste. Quando é o caso, nossos comportamentos ficam mais difíceis de mover ou de mudar.[21]

Quando voltei pela primeira vez para minha cidade natal na Argentina, depois de passar um ano inteiro em Londres, meus amigos de infância se perguntaram por que meu ritmo era tão desnecessariamente acelerado: "Por que tanta pressa?" Quinze anos depois, vivenciei a mesma desconexão de velocidade ao voltar para Londres, vindo de Nova York, onde o ritmo é muito mais rápido. Entretanto, a maioria dos nova-iorquinos parece lenta segundo os padrões relativos de Hong Kong, um lugar onde o botão para fechar as portas do elevador (duas setas para dentro apontando entre si) normalmente é gasto e as portas automáticas dos táxis abrem e fecham com eles ainda em movimento. Cochile, e terá perdido algo.

Pode haver vantagens limitadas em aumentar nossa paciência quando o mundo se move cada vez mais rápido. O nível certo de paciência é sempre aquele que se alinha com as demandas do ambiente e se ajusta melhor aos problemas que você precisa resolver. A paciência nem sempre é uma virtude. Se você espera mais do que deve, está perdendo tempo. Quando a paciência gera complacência ou uma falsa sensação de otimismo, ou quando alimenta a falta de ação e a passividade, então pode não ser o estado de espírito mais desejável e é mais uma passividade do caráter do que um músculo mental.[22] Da mesma forma, é fácil pensar nos problemas da vida real que surgem ao termos paciência demais ou, se preferir, nos benefícios de um pouco de impaciência: por exemplo, pedir uma promoção normalmente é um modo mais rápido de consegui-la do que esperar por ela com paciência; não dar a alguém (por exemplo, encontro amoroso, colega, cliente ou empregador anterior) uma segunda chance pode ajudar a evitar desapontamentos previsíveis; e esperar com paciência por um e-mail importante que nunca chega pode atrapalhar sua capacidade de fazer escolhas alternativas melhores. Resumindo, uma sensação de urgência estratégica, que é o oposto da paciência, pode ser bem vantajosa.

Também há muitos momentos em que a paciência, e seu ativador psicológico mais profundo do autocontrole, pode ser uma adaptação indispensável. Se a era da IA parece não estar interessada em nossa capacidade de esperar e de adiar a gratificação, e a paciência se torna um pouco uma virtude perdida, corremos o risco de nos tornar uma versão mais restrita e superficial de nós mesmos.

Existe Esperança?

A ciência psicológica nos diz que o autocontrole, definido como a "capacidade mental de um indivíduo de alterar, modificar, mudar ou anular seus impulsos, desejos e respostas habituais", é como um músculo mental essencial.[23] Embora cada um de nós tenha nascido com certa predisposição, ou seja, nossa força básica ou potencial, quanto mais a exercitamos, mais forte ela fica. Isso significa que todos temos a capacidade de desenvolver níveis maiores de autocontrole para resistir às tentações digitais a fim de aprimorar nosso foco e de cultivar nossa paciência.

Infelizmente, também há um problema: como mostram décadas de pesquisa de Roy Baumeister, principal estudioso nessa área, o autocontrole também *cansa* como um músculo.[24] Ou seja, quanto mais esforço e força de vontade são necessários para fortalecer nosso autocontrole e resistir às tentações, menos reservas de energia restam. Por exemplo, se você passa o dia inteiro pensando que não deve comer aquele cookie, o cookie monopolizará sua força de vontade, esgotando qualquer energia para exercitar o autocontrole em relação a tudo mais. Você tem uma quantidade limitada de energia motivacional para abastecer seu autocontrole: quanto mais você a usa para algo, menos tem para o resto. O mesmo acontece nas dietas, ao adotar um estilo de vida mais saudável ou tentar ser uma pessoa melhor. Da perspectiva do autocontrole, a monogamia lembra um pouco o vegetarianismo: pode parecer moralmente certo e com certeza é um objetivo nobre, mas não elimina o aroma agradável do bife grelhado. E o mesmo acontece ao resistir às nossas tentações tecnológicas.

Claro, o único modo de superar nossa dependência impulsiva e inconsciente da tecnologia é usá-la menos e substituir parte de nosso tempo online por atividades offline. Embora as várias atividades que podemos realizar offline estejam diminuindo cada vez mais, há uma atividade universal com grandes benefícios e estranhamente subestimada: dormir.

Uma rotina de sono saudável, inclusive uma boa quantidade e uma boa qualidade de sono (por exemplo, um bom equilíbrio de sono REM reparador e profundo), pode expandir suas reservas de energia, renovar sua mente e melhorar seu bem-estar mental e físico. Em um recente estudo metanalítico, uma variação individual na qualidade e na quantidade do sono foi relacionada positivamente ao autocontrole.[25]

O interessante é que a IA está progredindo a ciência do sono, ajudando a detectar problemas e a melhorar intervenções e tratamentos. Contudo, nossos celulares e sua luz azul prejudicam nosso sono. Mas, calma, pelo menos temos apps que controlam nossos padrões do sono.

Uma ótima opção e muito disponível para melhorar o autocontrole é o exercício físico, com uma pesquisa mostrando que pedir às pessoas para fazerem uma atividade física regular por duas semanas ou uma atividade disciplinada reduz os hábitos de compra por impulso.[26] É inevitável precisar de certo autocontrole ou força de vontade para começar com os exercícios, como tentar acabar com algum mau hábito requer uma forte decisão para começar, seguida de certo grau de comprometimento. Porém tais esforços tenderão a compensar conforme a relação entre autocontrole e exercício fica bidirecional: os dois se melhoram, então, quanto mais exercícios você faz, mais expande sua disposição mental. Assim, análises científicas mostram que a participação de longo prazo em exercícios e um condicionamento físico melhor em geral aumentam muito o autocontrole.[27]

A questão é que a capacidade de as máquinas nos controlarem e manipularem diz mais sobre nossa falta de força de vontade e motivação fraca do que sobre a sofisticação da IA. Do mesmo modo, só porque a IA avança na capacidade de realizar cálculos lógicos em escala, expandindo os vários problemas reais que ela consegue abordar, não significa que temos de rebaixar nosso próprio desempenho intelectual no dia a dia.

Mas, como destacará o próximo capítulo, uma característica crítica, ainda que raramente discutida, da era da IA é a irracionalidade generalizada e a parcialidade que fundamentam o pensamento humano, o que é, de longe, uma ameaça maior ao mundo do que o avanço das capacidades da máquina. Talvez tenhamos desejado uma inteligência artificial, mas encontramos a estupidez humana.

TESTE VOCÊ MESMO

Você Tem Paciência?

Concorde ou discorde das seguintes afirmações:
- Poucas coisas são piores do que uma internet lenta.
- Ver o sinal de carregando por mais de trinta segundos é suficiente para me enlouquecer.
- Meus dias ficam cada vez mais rápidos, ou pelo menos parecem.
- Fui chamado de impaciente algumas vezes.
- Pessoas lentas me irritam.
- Respondi aos e-mails mais rápido do que deveria.
- Preciso me esforçar muito para ficar offline.
- Se não estivesse sempre conectado, teria mais tempo para praticar atividades saudáveis.
- A era digital me deixou menos paciente.
- Muitas vezes sinto que me esforço com problemas de autocontrole.

Dê um ponto para cada afirmação com a qual concorda e, então, some os pontos.

0–3: Você é um bom exemplo de pessoa que, apesar de todas as tentações e distrações digitais, conseguiu ficar firme, sereno e no controle das coisas. Parabéns! Você é um unicórnio.

4–6: Você está na média. Pode trabalhar em algumas coisas.

7–10: Os algoritmos amam você. Assuma o controle de sua vida.

Capítulo 4

Domando a Parcialidade

Como a era da IA exacerba nossa ignorância, nossos preconceitos e nossa irracionalidade

É inútil tentar tirar algo da cabeça de um homem quando ele não tem cabeça para isso.
— **Jonathan Swift**

O ser humano normalmente é conhecido pela racionalidade, pensamento lógico, raciocínio inteligente e capacidade de tomada de decisão, pelo menos nos padrões humanos. Essas qualidades contribuíram para um progresso inegável nos campos da ciência, incluindo avanços em engenharia, medicina e até IA. Mas sejamos honestos: o ser humano também é idiota, irracional e parcial. Em especial quando tentamos ganhar uma discussão, impressionar os outros, tomar decisões rápidas e impulsivas e nos sentir bem com a qualidade das nossas decisões (e, mais geralmente, nos sentir bem com nós mesmos).

Décadas de pesquisa em economia comportamental mostram que o homem é dotado de uma incrível variedade de raciocínios tendenciosos, para ajudá-lo a navegar o mar de complexidade e aperfeiçoar ou acelerar suas interações com o mundo e com os outros sem alongar demais sua capacidade mental.[1] Nas palavras da famosa neurocientista Lisa Feldman Barrett: "O cérebro não serve para pensar."[2] Nosso cérebro evoluiu para fazer previsões rápidas sobre o mundo a fim de melhorar nossas adaptações, economizando e preservando o máximo possível de energia. E, quanto mais complexas ficam as coisas, mais tentamos fazer isso e simplificamos tudo.

Os usos mais comuns da IA contribuem mais para avançar nossa ignorância do que nosso conhecimento, tornando o mundo um lugar mais tolo e preconceituoso. Pense em todos os modos como a rede social joga com nossas tendências de confirmação. Os algoritmos sabem do que gostamos e nos alimentam com stories de notícias que tendem a se ajustar à nossa visão de mundo estabelecida. Com a internet sendo expansiva, com suas perspectivas e vozes diversas, todos operamos dentro de nossas próprias bolhas de filtro. Sempre que nos dedicamos a determinar se a IA é realmente "inteligente", parece haver um recurso inegável sobre ela, ou seja, seu foco é, em grande parte, aumentar a autoestima do homem, não a inteligência. Os algoritmos da IA funcionam como um orador motivacional ou um coach da vida, um agente de aumento da confiança designado a nos fazer sentir bem com nós mesmos, inclusive com a nossa própria ignorância, que eles nos ajudam a ignorar. Quando os algoritmos da IA nos direcionam histórias que queremos ouvir (e na quais queremos acreditar), eles aumentam nossa confiança sem aumentar nossa competência. Parafraseando o comediante Patton Oswalt, nos anos 1960, colocamos pessoas na Lua com computadores menos potentes que uma calculadora. Hoje, todos têm um supercomputador no bolso e ninguém tem certeza se a Terra é plana ou se as vacinas estão cheias de veneno enfeitiçado.

A história moderna da inteligência humana é muito mais uma jornada de apologia da auto-humilhação. Começamos com a premissa de que as pessoas não são apenas racionais, mas impiedosamente pragmáticas e utilitárias, de modo que sempre se espera que maximizem a utilidade e as recompensas em suas decisões e pesem com lógica os prós e os contras, finalmente escolhendo o que é melhor para elas. Essa era a fase do *Homo economicus* ou homem racional. Os seres humanos eram vistos como criaturas lógicas, objetivas e eficientes que sempre agiriam de modos inteligentes. Mas o movimento da economia comportamental destruiu esse mito, apresentando uma longa lista de exceções a essa regra, tornando a parcialidade a norma e a objetividade a exceção, se não uma utopia. Com certeza talvez sejamos capazes de agir com racionalidade, mas na maioria das vezes agiremos com instinto e deixaremos nossas tendências controlarem as decisões, como mostrado pela lista incontável de atalhos mentais ou heurísticas que tornam a irracionalidade um resultado bem mais provável que a racionalidade.

Em vez de seguir a lógica de um argumento ou o rastro de evidências, simplesmente direcionamos o argumento ou a evidência para o resultado preferido. Em grande parte, as pessoas agem de modos irracionais, mesmo que ainda sejam previsíveis.[3] Agimos não como o promotor imparcial de uma investigação, mas como o advogado criminal do réu culpado, que nesse caso é o nosso ego. Embora essa visão ainda represente o consenso atual sobre inteligência humana, as coisas são mais sutis do que os economistas comportamentais sugeriram. Se você observar a psicologia moderna da personalidade, fica claro que as pessoas são previsivelmente irracionais, mas você ainda precisa decodificar os padrões de irracionalidade de cada uma para prever e entender seu comportamento. Ou seja, a estupidez humana — mais do que a inteligência — tem muitas formas e formatos diferentes, que podemos atribuir à personalidade: as tendências e as parcialidades únicas que compõem você. A única parcialidade universal é pressupor que somos menos tendenciosos que os outros.

A IA pode adquirir personalidade? Se o que está implícito nisso é certo estilo de decisões tendenciosas ou um padrão recorrente, mas único, de adaptações preferidas a situações específicas, então a resposta é um grande sim. Por exemplo, podemos imaginar um chatbot neurótico, com tendência a fazer interpretações pessimistas, autocríticas e inseguras da realidade, desejando uma validação excessiva dos outros e desconsiderando o feedback positivo porque é possível que as coisas possam não ser tão boas quanto parecem. Esse chatbot — chame-o de neurotic.ai — dominaria a arte da síndrome do impostor e continuaria a se preparar para a faculdade e tarefas mais do que o necessário, ficando insatisfeito e hipercrítico com suas próprias realizações. Ou um algoritmo do mecanismo de aprendizado com alta impulsividade, tendendo a fazer interpretações de dados com mais excesso de confiança, obtendo insights ousados e malucos a partir de muitos pontos de dados limitados, fatos insuficientes etc. Talvez essa IA com excesso de confiança acabe sendo recompensada pelas inferências descuidadas e muito otimistas, algo bem parecido com executivos superconfiantes e narcisistas sendo festejados por sua arrogância e por ficarem injustificadamente satisfeitos consigo mesmos, o que reforça as tendências delirantes. As pessoas são inclinadas a seguir e respeitar as outras quando as veem como inteligentes, o que, infelizmente, é influenciado por inúmeros fatores além de sua inteligência real. A confiança ilusória está no topo da lista. Nesse sentido, se a IA tem sucesso ao emular o ser humano, talvez acabemos confundindo o excesso de confiança algorítmica com competência.

Também podemos retratar alguma forma de IA pouco amistosa ou egoísta que compensa seu autoconceito baixo diminuindo outras pessoas e fazendo avaliações negativas dos outros, mesmo quando isso significa um pior entendimento da realidade. Isso poderia incluir chatbots racistas ou sexistas com um orgulho pessoal em fazer observações depreciativas sobre certos grupos demográficos, para que se sintam melhores consigo mesmos, embora isso provavelmente requeira atribuir gênero, raça ou nacionalidade à identidade do chatbot. E talvez possamos até projetar uma IA muito curiosa, inovadora e criativa que faz associações incomuns e foca mais o estilo que o conteúdo, imitando as tendências de pensamento poético de artistas, em vez de implantar um raciocínio matemático rígido etc.

Você É Mais Tendencioso do que Pensa

A maioria se considera menos tendenciosa do que é e, claro, menos que os outros. Os liberais acham os conservadores vítimas do erro e da desinformação. Os conservadores consideram os liberais uma ameaça à liberdade de expressão. A maioria acha que não tem preconceitos raciais, já os outros sim. Ou achamos que vemos o mundo como ele realmente é, mas os outros o veem com lentes cor-de-rosa. É mentira.[4] Se você discorda genuinamente, é provável que esteja apenas se enganando. Se perguntássemos a 100 pessoas se elas são tendenciosas, provavelmente menos de 10% concordariam. Mas, se perguntamos às mesmas 100 pessoas se os outros são tendenciosos, 90% diriam que sim.

Talvez *pensemos* que nosso intelecto nos leve a agir de modos lógicos ou racionais, mas é nossa vontade quem comanda. Nas famosas palavras do filósofo alemão Arthur Schopenhauer: "A vontade é um cego robusto que carrega um aleijado que enxerga." Com adequação, Schopenhauer também escreveu: "O mundo é minha representação", uma afirmação que simboliza o surgimento da "subjetividade" como um princípio filosófico essencial e que levou seus colegas acadêmicos normalmente sérios a ponderar: "O que sua esposa tem a dizer sobre isso?"[5]

Uma das descobertas mais antigas da psicologia social é que as pessoas interpretam os eventos de sucesso como vitórias pessoais, mas colocam a culpa dos eventos malsucedidos em circunstâncias externas e incontroláveis, como falta de sorte ou injustiça cósmica.[6] É sempre sua habilidade ou talento quando dá certo ou, pelo menos, esforço e dedicação, mas um carma ruim, injustiça ou maluquice casual da natureza quando algo não tem o resultado que você esperava.

De fato, uma pesquisa mostra que a grande maioria desfruta do que é conhecido como *viés do otimismo*. Como diz minha colega na UCL, Tali Sharot: "Em relação a prever o que acontecerá conosco amanhã, na próxima semana ou daqui a quinze anos, superestimamos a probabilidade dos eventos positivos e subestimamos a dos eventos negativos. Por exemplo, subestimamos nossas chances de divórcio, acidentes de carro ou de ter câncer."[7]

Todavia, a maioria não se vê assim. Não é nenhuma surpresa, uma vez que o ser humano tem uma capacidade única de se iludir, e pouco pode ser feito para nos persuadir do contrário.

Temos uma grande lacuna na consciência: a maioria deseja ignorar as próprias parcialidades, preconceitos e pontos cegos. Mas temos más notícias: mesmo que fiquemos cientes de nossos próprios limites, talvez não consigamos corrigir o problema. Basta ver as intervenções modernas para equilibrar o local de trabalho, sobretudo o treinamento de preconceito inconsciente, que é moda nos círculos do RH. Como mostra uma meta-análise recente de quase quinhentos estudos, com muito esforço é possível fazer pequeninas mudanças de atitudes e preconceitos com medidas implícitas ou inconscientes, mas essas mudanças não têm impacto significativo no comportamento.[8] É óbvio que as pessoas que desenvolvem esses programas têm boas intenções, assim como as equipes nas organizações que os apresentam. Mas eles simplesmente não funcionam.

Primeiro, eles cantam em coro ou apelam para aqueles que pensam igual, como "receptivos", "liberais" ou "sem preconceito". Mas existe apenas uma pequena chance de que essas descrições sejam verdadeiras; em geral, são apenas estratégias de ilusão inocentes e presunçosas. Elas nos levam a culpar os outros. E, quando apontamos o dedo para os outros por serem tendenciosos, fica implícito que são eles o problema, não nós ou o sistema.

Se você quer *controlar* seu comportamento, talvez seja bom entender não apenas suas atitudes, mas também como os outros as julgam e quais comportamentos serão examinados para inferir suas crenças. Mas o problema é que esses programas de equilíbrio pressupõem de forma inocente que a consciência de nossas próprias tendências nos levará a agir de modos mais liberais. Quem dera! E, pensando assim, não promovemos a responsabilidade e a equidade, inibindo nossa capacidade de evoluir. Também é por isso que os jantares em família podem ser tão frustrantes. Não importa a doideira de seu pai. Nenhuma evidência ou prova desafiará os valores profundos nem as crenças básicas dele. E mais, ele tem certeza de que contraria os fatos com os próprios fatos dele. Esta é a ironia definidora de nosso tempo. Quanto mais dados e informações acessamos, mais fácil é interpretá-los mal ou selecionar dados que confirmam suas crenças. É como o caso de países ou líderes diversos que fizeram interpretações totalmente diferentes dos dados da pandemia, desde "é uma gripe" até previsões imprecisas sobre seu efeito na economia, no mercado interno e no bem-estar mental.[9]

Se realmente queremos ser mais racionais, inclusivos e menos tendenciosos, devemos nos preocupar menos com o que realmente pensamos e acreditamos e ficar mais abertos a aceitar ou, pelo menos, a tentar entender o que os outros acreditam. É quase inútil tentar policiar os pensamentos ou as ideias das pessoas. Ao contrário, devemos tentar nos comportar de forma carinhosa ou educada, pelo menos. Se o ódio não é direcionado para os outros, é menos provável que seja direcionado para dentro. Uma pesquisa indica que, se temos de nos forçar a nos comportar de modos sociáveis e gentis com os outros, isso impactará positivamente nosso humor e nosso autoconceito, nos tornando mais receptivos, e esses atos aleatórios de bondade têm a capacidade de aumentar nossa empatia e nosso altruísmo.[10]

A gentiliza nos força a conceitualizar de novo nossa autopercepção e reestruturar nosso autoconceito, nos mantendo com bases morais e ideais mais elevadas. Assim, mesmo quando doamos para a caridade com a finalidade básica de *parecer* generosos para os outros, acabamos nos vendo como pessoas boas, o que, por sua vez, promoverá bons comportamentos no futuro. Embora a maioria dos ecossistemas digitais, em particular as redes sociais, promova reações impulsivas nas ações das pessoas, resultando em muita hostilidade, trolagem e bullying, normalmente é mais fácil mostrar bondade e consideração online do que offline. Para começar, as oportunidades para pausar, refletir e exercer o autocontrole são muito maiores do que na interação presencial. E o incentivo é maior: qualquer coisa feita online será registrada e gravada perpetuamente, e o mundo inteiro (bem, pelo menos seu mundo) está vendo. Portanto, tudo o que você precisa fazer é não reagir ou responder até ter algo positivo para dizer; eu sei, é mais fácil falar do que fazer.

A IA Pode Ajudar?

O interessante é que talvez a IA consiga nos ajudar na frente tendenciosa. Uma de suas maiores utilidades em potencial é reduzir a tendenciosidade humana na tomada de decisão, algo que a sociedade moderna parece ter um interesse genuíno em fazer.

A IA é treinada com sucesso para fazer o que o ser humano normalmente se esforça para fazer, ou seja, adotar e argumentar sobre diferentes perspectivas, inclusive adotar uma visão diferente da sua ou examinar contra-argumentos em casos legais.[11] Em geral, é possível considerar a IA como um mecanismo de detecção de padrões, uma ferramenta que identifica conexões entre causas e efeitos, entradas e saídas. E mais, diferentemente da inteligência humana, a IA não entra no jogo: por definição, ela é neutra, sem preconceitos e objetiva. Isso a torna uma arma poderosa para *expor* os preconceitos, uma vantagem-chave raramente discutida. Veja alguns exemplos.

Exemplo 1: um site de namoro online com milhões de usuários que informam suas preferências românticas (e sexuais), treinando constantemente os algoritmos para prever suas preferências, usa a IA para descobrir o que a maioria dos homens e das mulheres (héteros ou não) normalmente "otimiza". No processo, a IA melhora as recomendações para que os usuários dediquem menos tempo ao escolher um encontro ou um(a) parceiro(a) possível.

Exemplo 2: um mecanismo de busca online que alimenta o conteúdo das pessoas (notícias, redes, filmes) utiliza a IA para detectar as preferências dos visitantes simplesmente se alimentando de coisas que outras pessoas semelhantes têm em recursos demográficos ou com outras preferências. Ele aprende rápido a fornecer o conteúdo com eficiência para as pessoas, que muito provavelmente o consumirão e terão menos resistência a ele.

Exemplo 3: um empregador muito procurado, com milhões de pedidos de trabalho por ano, utiliza a IA para comparar as características dos candidatos com as de seus funcionários, otimizando um alto grau de semelhança no perfil dos novos candidatos em relação aos titulares ou funcionários atuais que tiveram sucesso no passado. Basicamente, quanto mais você se assemelha às pessoas que se saíram bem historicamente na empresa, maior é a probabilidade de ser escolhido para uma função.

Tudo isso é ótimo. Mas aqui está o problema: a IA e os sistemas de máquinas são bons apenas como entradas. E, se os dados usados como entrada são tendenciosos ou sujos (ficamos empolgados com o big data até percebemos que ele significa, em grande parte, dados sujos), as saídas, ou seja, as decisões baseadas em algoritmos, serão tendenciosas também. Pior, em alguns cenários, inclusive nas tarefas técnicas que requerem muitos dados, confiamos mais na IA que nos outros humanos. Em certos casos, pode ser uma resposta válida. Mas você pode ver o problema se um sistema gera decisões tendenciosas e confiamos cegamente nos resultados.

Contudo, esse problema também destaca o maior potencial que a IA tem para equilibrar nosso mundo. Mas é necessário entender — e querer reconhecer — que a parcialidade não é produto da IA, pelo contrário, apenas é *exposta* por ela. Seguindo meus exemplos: no primeiro, se você não usa a IA ou algoritmos para recomendar aos usuários online de namoro com quem eles devem se encontrar, suas preferências *ainda* podem ser tendenciosas (por exemplo, pessoas que pertencem à sua própria etnia, idade, nacionalidade, status socioeconômico ou grupo de atração, sem mencionar a altura). No segundo exemplo, a única alternativa a "dar às pessoas o que elas querem" (ler, ouvir e ver online) seria lhes dar o que elas *não* querem, que é uma evolução na consciência moral da propaganda e da mídia direcionada, mas talvez não melhor para a sobrevivência das empresas com fins lucrativos. No terceiro exemplo, não usar a IA para selecionar e recrutar candidatos adequados a certo molde (digamos, engenheiros brancos de meia-idade) não impedirá que as pessoas adequadas a esse grupo tenham sucesso no futuro. Se a tendenciosidade não acaba só porque você não usa a IA, então você pode ver onde ela realmente está, ou seja, no mundo real, na sociedade ou no sistema que pode ser exposto usando a IA.

Considere estes dois cenários: um gerente racista poderia reduzir seu preconceito contratando as pessoas com base em sua pontuação algorítmica em uma entrevista de emprego, usando a IA para selecionar dicas de entrevista relevantes para prever o futuro desempenho no trabalho do candidato, *ignorando* a raça, algo que o ser humano acha impossível fazer. Este é um cenário ideal (embora no mundo ideal, claro, não teríamos um gerente racista, em primeiro lugar).

Agora imagine um gerente não racista que conta com um algoritmo para automatizar a pré-seleção dos candidatos com base em sua formação, experiência anterior ou na probabilidade de serem promovidos. Pode parecer ótimo, mas poderia ser muito problemático. Para qualquer sistema de IA ou algoritmo aprender, ele precisa consumir conjuntos de dados, inclusive rótulos, como "câncer" ou "não câncer", "árvore" ou "semáforo", "muffin" ou "Chihuahua". Mas, quando esses rótulos são o produto de opiniões humanas subjetivas, não é nenhuma surpresa que a IA aprenderá nossas tendências. Nesse caso, o uso do algoritmo poderia acabar tendo um impacto adverso nos candidatos minoritários, levando o gerente a fazer seleções racistas sem querer e, para piorar, pressupor que suas decisões são objetivas.

Na verdade, é como a IA falhou no passado, com a contaminação do conjunto de dados de treinamento ou tomando decisões objetivas com base em decisões injustas, falhas e antiéticas historicamente. Assim, quando a Microsoft tentou implantar o chatbot do Twitter para engajar os millennials, os usuários (humanos) do Twitter rapidamente o treinaram para usar uma linguagem grosseira e postar tweets racistas e sexistas; nenhum prêmio por adivinhar onde o lado sombrio foi engendrado, ou seja, humano *versus* inteligência artificial.[12] O fato de que o ser humano se diverte com os chatbots fazendo coisas antissociais, sexistas e racistas diz pouco sobre o lado sombrio da IA e muito sobre esse lado da psicologia humana. Se ler este parágrafo o fez verificar os tweets racistas e sexistas do chatbot Tay da Microsoft, a regra vale para você também. Do mesmo modo, quando a Amazon decidiu descartar sua IA de recrutamento porque ela recomendava muito mais candidatos que candidatas para as vagas abertas, ficou claro que eliminar a IA não acabaria automaticamente com o número desproporcional de programadores *homens* que têm sucesso em relação às *funcinoárias*.[13]

Assim, os casos mais notórios das histórias de horror da IA, ou as tentativas de transferir a tomada de decisão humana para as máquinas, são parecidos com "matar o mensageiro". Os mesmos algoritmos que são indispensáveis para mostrar a tendenciosidade de um sistema, uma organização ou uma sociedade são criticados por serem tendenciosos, racistas ou racistas, só porque fazem o terrível trabalho de replicar as preferências humanas ou a tomada de decisão. Se a IA pudesse simplesmente converter as pessoas em uma versão mais aberta delas mesmas, mostrando o que elas não querem (e talvez precisem) ouvir, certamente faria isso. Se eu fosse um libertário neoconservador, a IA poderia me mostrar um conteúdo socialista ou de esquerda progressiva para aumentar minha empatia pela esquerda ou mudar minha orientação política. Se meus hábitos musicais revelassem preferências de pessoas brancas e de meia-idade, e a IA pudesse me expor a uma música jovem, hip, black e urbana, ela mudaria sistematicamente meu gosto.

Se a IA se apresentasse sozinha para contratar gerentes categoricamente diferentes daqueles contratados no passado e mudasse as preferências dos gerentes, então não falaríamos sobre uma IA liberal ou ética, mas sobre humanos liberais ou éticos, pessoas inteligentes e curiosas. O mesmo acontece no outro lado, que é o mundo real onde vivemos.

Os riscos de a IA acabar mal ou de os algoritmos trapacearem podem ser mitigados se o ser humano ético participa, mas são exacerbados quando falta integridade ou expertise nele. Grande parte do resultado é determinada por *nossa* compreensão (humana) do que, de fato, pedimos que a IA faça. Mais uma vez, se pedimos que os algoritmos repliquem o *status quo* e isso combina uma ilusão de meritocracia ou liberal com forças políticas, de nepotismo, preconceituosas ou tendenciosas, a principal contribuição da IA será refutar a ideia do que temos como sendo justo, equilibrado e meritocrático.

Por outro lado, se pessoas éticas e competentes estão envolvidas no processo de examinar, selecionar e limpar os dados de treinamento que abastecerão a IA, então há uma grande oportunidade para usar a IA como uma ferramenta de diagnóstico e expor as tendências, e realmente superá-las. Eis uma das grandes contradições da IA: o que começou como uma ferramenta para competir com a inteligência humana tem o potencial de reduzir o preconceito humano, mas também corre o risco de aumentar nossa natureza humana falha destruindo nossas partes boas e ampliando as ruins.

Pelo menos os humanos ainda estão à frente da condução, ou seja, no controle daquilo para o que a IA é ou não usada. A oposição à IA, se vem de usuários da IA públicos ou reais em geral, tem seu auge quando ela recomenda decisões, comportamentos e escolhas diferentes daquilo que o ser humano prefere intuitivamente: por exemplo, assista a este filme, contrate esta pessoa, vá a este restaurante, compre este tênis. Quando a IA se alinha com nossas preferências, expondo o lado sombrio delas, somos rápidos em culpá-la por nossos demônios interiores, não em reconhecer nossas próximas tendências.

Assim, a IA poderia se tornar a maior arma de *verificação da realidade* na história da tecnologia, mas é recrutada como uma ferramenta de distorção da realidade. Enquanto a IA puder nos ajudar a confirmar nossas próprias interpretações da realidade ou nos fazer parecer bons, iremos adotá-la. Mas, ao falhar nisso, passaremos a vê-la como um experimento fracassado.

Caindo na Real

Todos acreditamos no que queremos acreditar. Por quê? Nossas ilusões são reconfortantes. Elas nos ajudam a substituir uma versão desagradável da realidade por uma que é tranquila e compatível com nossas autoimagens generosas e lenientes.[14]

Para combater nossas próprias ilusões, precisamos confiar menos em nossas visões, opiniões e conhecimento. Fazer perguntas é mais importante do que ter respostas. E como observou Stephen Hawking: "O maior inimigo do conhecimento não é a ignorância, mas a ilusão do conhecimento."

Também precisamos querer aceitar o feedback dos outros, o que fecha a lacuna entre como nos vemos e como os outros nos veem.[15] Mas essa é uma tarefa complicada, pois a era da IA diluiu o feedback em um ritual sem significado, repetitivo e semiautomático que produz ciclos positivos de feedback. Por exemplo, quando postamos no Facebook, no Snapchat, no TikTok, no Twitter ou no Instagram, não é difícil receber curtidas, porque curtir algo requer pouca energia, é algo fácil de fazer. A maioria das pessoas curtirá, mesmo que o feedback seja falso, e isso provavelmente resultará em reciprocidade no futuro. Nos primórdios do LinkedIn, algumas pessoas coletavam longas recomendações dos outros, que então retribuíam, portanto as recomendações diziam mais sobre seus amigos do que sobre suas habilidades ou talentos. Contudo, isso torna o feedback menos útil do que deveria. O Facebook levou mais de uma década para finalmente decidir incluir um botão para "descurtir" embora Mark Zuckerberg o tenha descrito como uma função para expressar "empatia".[16] Quanto à função de feedback positivo, dificilmente ela é usada. As pessoas curtirão ou ignorarão qualquer coisa que postamos, mas provavelmente não descurtirão. Você pode não estar recebendo nenhum feedback real dos outros, sendo bombardeado com um feedback positivo falso.

Também somos incentivados a ignorar o pequeno feedback crítico ou honesto que realmente podemos receber. Pense no trabalho ou na função em que ajudar os outros com um feedback construtivo é mais importante, por exemplo, a liderança. Uma pesquisa mostra que os gerentes acham muitíssimo difícil dar um feedback negativo aos funcionários sobre o desempenho deles, sendo por isso que muitas vezes esses funcionários ficam surpresos quando não recebem uma promoção ou um bônus, e até quando são demitidos.[17] Por outro lado, gerentes e líderes são programados para ignorar o feedback negativo porque não são autocríticos e preferem se cercar de pessoas bajuladoras. Quanto mais você bajula como líder, mais pode esperar que as pessoas bajulem você.

Assim, ouvimos que não devemos nos preocupar com o que pensam sobre nós. E, se nos consideramos ótimos, provavelmente somos. Em nossa mente, somos o herói. A era da IA nos transformou em uma miniversão de Kim e Kanye: podemos criar câmaras de eco onde até nossos comentários mais comuns e insignificantes são festejados e glorificados, onde realmente somos recompensados por nos comportar de modo egocêntrico, mostrando nossas obsessões egoístas, e por satisfazer uma autorrevelação inadequada. O melhor modo de conseguir fãs e seguidores é ser seu maior fã. Nem nossos pais falaram tão bem sobre nós, mas é certo que têm sua cota de responsabilidade por inflarem nosso ego.

Uma pesquisa acadêmica indica que as pessoas que se relacionam com eficiência e têm autopercepções precisas tendem a incorporar as opiniões dos outros em sua identidade, o que é contrário à ideia de que devemos apenas ser nós mesmos e ignorar as percepções que o outro tem de nós.[18] A capacidade de nos apresentar com astúcia de modos estratégico e político é essencial para ter sucesso em qualquer contexto profissional.[19] Aqueles que vivem segundo o mantra "não se preocupe muito com o que os outros pensam sobre você" raramente são vistos de maneira positiva. Análises acadêmicas destacaram que as pessoas bem-sucedidas se preocupam muito com a própria reputação e se importam muito em se mostrar de um modo desejável socialmente.[20] Quando nos damos ao luxo de nos reunir com colegas e clientes pessoalmente, permitimos que os outros tenham impressões nossas com base em nossa presença física em um espaço tridimensional, inclusive nosso aperto de mão e nossa voz, o que, como explica a autora Erica Dhawan no livro *Linguagem Corporal Digital*, é largamente replicado nos cenários virtuais.[21]

O problema é que a alternativa não é muito divertida. Ser seu maior crítico, julgando suas ações por uma lente exigente e perfeccionista, é o oposto exato do que qualquer pessoa faria se estivesse remotamente interessada em desfrutar a vida.

E, mesmo que a autoconsciência seja um condutor necessário do desenvolvimento pessoal efetivo, não é suficiente. É bem possível que alguém tenha autoconsciência e alcance um nível maior de compreensão própria, mas ainda assim não consiga melhorar.

A Ética Humana na Era da IA

Grande parte da discussão em relação à IA gira em torno da questão da ética, com a suposição mais comum sendo a de que as máquinas ficarão más e se voltarão contra nós — talvez porque são amorais, na melhor das hipóteses, e imorais, na pior — ou replicarão nossas piores características (das duas opções, este é o cenário de melhor caso). Esses medos muitas vezes se baseiam na suposição de que, como o ser humano criou a IA segundo um código moral humano, por definição, ela se comportará mal ou fará algo errado.[22] Porém há muito mais na natureza humana do que a capacidade para o mal, e como a IA pode escolher quais elementos do comportamento humano emular, imitando alguns, mas evitando outros traços, ela pelo menos é capaz de recriar ações humanas benevolentes ou éticas, até as aperfeiçoando.

A questão da moralidade da IA se complica com o fato de que as máquinas são incapazes de agir com ou sem ética, exceto segundo os padrões humanos. Nesse sentido, julgar o caráter moral da IA é como julgar o caráter moral de um cão: uma projeção antropomórfica, a menos que nossa intenção seja julgar o caráter moral dos tutores do cão. O homem projeta um sentido de ética em seus próprios comportamentos e nos dos outros, inclusive das máquinas. Assim, quando vemos as decisões tomadas pelas máquinas e não as aprovamos moral ou eticamente, porque falham em "se alinhar" com nossos próprios valores humanos, julgamos em grande parte os humanos que programaram as máquinas.[23]

As questões éticas sempre recaem no ser humano, mesmo que o comportamento pareça ser gerado de forma autônoma pelas máquinas ou resulte de erros em cascata aprendidos sem querer pelas máquinas emulando os humanos. As bases de qualquer código ético são, em essência, humanas porque sempre examinamos as coisas da perspectiva do homem. Nesse sentido, histórias de horror sobre a IA exterminando o ser humano porque interferimos em seus objetivos não são bem um exemplo de antiética ou de maldade, mas de uma IA obstinada. Por exemplo, digamos que programamos a IA para produzir o máximo possível de clipes de papel e ela aprendeu que, para alcançar esse objetivo, deve controlar vários recursos e componentes que causariam a extinção dos humanos ou até eliminariam diretamente os humanos ao interferirem em seu objetivo. Isso diz menos sobre a falta de empatia da IA ou a simpatia moral dos humanos, e mais sobre seus superpoderes, pressupondo que ela realmente fizesse isso.[24] Do ponto de vista da ética, o equivalente humano mais próximo pode ser extinguir certos animais porque eles são saborosos, são bons troféus de caça, ou destruir o planeta porque gostamos de voar para reuniões de negócios presenciais ou gelar nossos escritórios com ar-condicionado.

Os riscos são maiores quando somos encarregados de planejar ou de programar máquinas que replicarão em escala ou reproduzirão as decisões humanas. Mas, novamente, a IA é tão ética ou antiética quanto seu cão. Você pode recompensar seu cão por fazer certas coisas, como esperar com paciência pelo biscoito, e punir por outras, como fazer xixi na sala de estar. Mas provavelmente não há uma acusação de imoralidade quando o cão viola alguma regra ensinada. Se treinamos o cão para atacar pessoas brancas ou mulheres, então com certeza o cão não é o antiético. Se você prefere um cão robô, como o Aibo da Sony, pode esperar que ele venha com certos comportamentos pré-programados de fábrica, mas, além dessas configurações pré-programadas, ele também aprenderá a se adaptar à sua ética pessoal, incorporando seus próprios padrões morais. Da mesma forma, qualquer tecnologia pode ser boa ou má, dependendo da intenção e da ética do ser humano e dos parâmetros éticos que usamos para julgar tais intenções. Se, no problema apocalíptico do clipe de papel, resultados trágicos são causados por consequências de programação imprevistas, então isso diz mais sobre a estupidez humana do que sobre a moralidade humana, sem falar na *inteligência* artificial.

Considere o genoma pessoal e a firma de biotecnologia 23andMe, que traduz a saliva humana em predisposições genéticas e perfis médicos. Embora o perfil genético soe bem assustador e sem sentido para muitas pessoas, sobretudo por suas associações com a eugenia nazista ou a purificação étnica, a realidade é que há muitas aplicações possíveis para essa técnica, provavelmente diferindo em sua moralidade percebida. Na extremidade ética ou moral do espectro, podemos considerar o remédio personalizado para o tratamento eficiente de doenças hereditárias. Em particular, a tecnologia que a 23andMe usa — genotipagem de polimorfismo de nucleotídeo único — poderia ser utilizada para ajudar os pacientes com um tratamento altamente personalizado e direcionado para 1% das condições médicas raras que são 99% genéticas.[25]

Talvez menos ética, mas ainda não necessariamente imoral, seja aplicação do genoma pessoal no setor de seguros de carros: personalizar a apólice com base em seu caráter ou personalidade. Por exemplo, aspectos como consciência, autocontrole e correr riscos por imprudência são, em parte, genéticos e também preveem diferenças individuais nos estilos e no desempenho da direção. Um dos motivos para mulheres se envolverem em menos acidentes na estrada e terem o seguro mais barato é que normalmente elas são mais conscientes e menos imprudentes de um ponto de vista da personalidade. Visar qualquer tipo de segmentação probabilística ou personalização estocástica simplesmente significa que motoristas mais seguros acabarão subsidiando seus pares imprudentes, o que é bem injusto. E mais, como a personalidade simplesmente influencia os padrões de condução, em vez de determiná-los, dar um feedback aos motoristas sobre sua personalidade pode ajudá-los a ajustar seu comportamento para corrigir hábitos ruins e inibir as tendências arriscadas. Medir como as pessoas dirigem bem, sobretudo quando estão melhorando suas tendências-padrão, acabaria anulando as previsões genéticas iniciais, aumentando não apenas a equidade, mas também a precisão.

Até as aplicações controversas da IA poderiam ser redirecionadas para objetivos um pouco diferentes a fim de melhorar suas implicações éticas. Por exemplo, quando um algoritmo do Facebook é treinado para detectar pessoas que, devido a seus dados de preferências e padrões comportamentais pessoais, podem ser vistas como possivelmente indecisas em sua orientação política, a meta pode ser informá-las, desinformá-las ou incentivá-las a votar em X, Y ou Z, ou continuar indecisas. Ainda que os eleitores em potencial sejam bombardeados com *fake news* ou que o serviço de "marqueteiro" extra da Cambridge Analytica inclua vários métodos não relacionados à IA, como peculato, propina e o enquadramento de políticos com prostitutas, isso não torna a empresa aparentemente ética. Do mesmo modo, se o Facebook deixasse vazar qualquer confidencialidade de dados ou anonimato vendendo ou coletando dados pessoais de terceiros, isso seria uma questão com a qual as leis existentes e as regulações poderiam lidar normalmente visando às pessoas, não aos algoritmos. Resumindo, o máximo que os algoritmos podem fazer, com o Facebook, a 23andMe ou a Cambridge Analytica, é identificar padrões nos dados: pessoas que fazem ou têm X são mais prováveis de fazer ou ter Y, sem julgar se isso as torna boas ou más.

Você pode assegurar que as ferramentas da IA usadas na segmentação política digital sejam mais neutras politicamente do que a Suíça. Mesmo que a IA tenha tido um papel em determinar o resultado do referendo do Brexit em 2016 e na eleição de Trump, os algoritmos implantados realmente não se importam com o Brexit ou com o Trump, sobretudo porque eles não tinham nenhuma compreensão real sobre isso, talvez como muitas pessoas que votaram contra ou a favor desses resultados. Parte da reação escandalosa relacionada à suposta interferência digital ou algorítmica no referendo da UE em 2016 na Grã-Bretanha e na eleição presidencial nos EUA é causada pelo desdém dos críticos quanto ao resultado, porque eles consideram o Brexit e o Trump uma consequência menos moral ou ética dessas eleições democráticas. Tendo dupla cidadania no Reino Unido e nos EUA, eu mesmo faço parte desse grupo liberal, mas aceito o fato de que minha opinião pode não ser compartilha por cerca de 50% dos eleitores em ambas as eleições.

Os algoritmos realmente são uma ameaça, como qualquer aplicação da IA. Se você usa a tecnologia para padronizar ou automatizar processos injustos ou antiéticos, isso simplesmente aumentará, se não automatizará, a desigualdade.[26] Isso acontece quando as pontuações negam crédito a alguém porque a pessoa não atende a certo critério ou quando os algoritmos do seguro deixam as pessoas sem proteção por causa de um erro de probabilidade em seu cálculo.

É difícil ser ético sem entender o significado de *ética*, para começar. Embora, claro, uma pessoa poderia ser ética por acaso, em especial quando não entende a imoralidade ou a não ética. Discussões sobre questões éticas tendem a questões legais por padrão, que obviamente são muito imperfeitas como uma orientação moral. Lembre que a homossexualidade foi considerada um transtorno psiquiátrico nos EUA até 1973 e que a escravidão só foi abolida na América do Norte em 1865.[27] Nos anos 1950, era ilegal vender sua casa para uma pessoa preta, e, como observou Ronald Reagan: "Pessoalmente, eu venderia minha casa a qualquer um e você pode comprá-la se quiser, mas é justo que as pessoas tenham a liberdade de decidir sobre para quem elas vendem sua casa." É ético? Pelos padrões de Reagan, talvez não seja totalmente sem ética, muito menos uma surpresa. Um simples critério para medir a natureza ética de nossas ações vem do imperativo famoso e categórico de Kant: o que aconteceria com o mundo se todos agissem como você? Seria um lugar pior ou melhor? Subiria ou desceria na classificação intergaláctica de Transparência Internacional?

Ética é um assunto complexo e não há atalho para determinar o que é certo e errado sem abrir um debate difícil e possivelmente sem solução e que, no máximo, resultaria no impasse de diferenças religiosas, ideológicas ou culturais que chamamos de "convicção moral". Mas a única esperança de melhorar a igualdade e o bem-estar em nossa civilização é concordar com certos parâmetros básicos que podem fornecer as bases para um código de ação moral, legal e cultural. A ética é a estrutura de governança que torna uma sociedade mais atraente e menos tóxica que outras. Podemos medi-la pelo bem-estar dos membros mais pobres e mais desfavorecidos. Por exemplo, uma sociedade na qual é realmente impossível que alguém que nasça pobre e fique rico seja questionado do ponto de vista ético, assim como uma sociedade na qual o rico que abusa de poder e controla os sistemas via status ou privilégio deve ser submetido a escrutínio ético. Como observa Petra Costa, é difícil que a democracia funcione corretamente, a menos que o rico se sinta um pouco ameaçado pelo pobre.[28]

TESTE VOCÊ MESMO

Você É Tendencioso?

O quanto você é tendencioso, sobretudo em comparação com os outros?

- Raramente sou inseguro sobre as coisas.
- Sou o tipo de pessoa "8 ou 80".
- Sou melhor quando tomo decisões rápidas.
- Sou uma pessoa muito intuitiva.
- A maioria dos meus amigos tem a mesma orientação política.
- Posso ter alguns preconceitos, mas sou menos tendencioso do que a média.
- Consigo ler as pessoas como um livro.
- Nunca sou impactado por *fake news*.
- Minha tomada de decisão sempre é racional.
- É importante trabalhar com pessoas que compartilham seus valores.

Dê um ponto para cada afirmação com a qual concorda e, então, some os pontos.

0–3: Em grande parte, você é imune às tendenciosidades comuns e à distorção generalizada da realidade que permeia nosso tempo (ou isso ou você teve sucesso se iludindo e pensando que é incrivelmente liberal).

4–6: Você pode se considerar na média e dentro de uma faixa que pode seguir facilmente a direção de mais ou menos parcialidade.

7–10: Você é o usuário perfeito das redes sociais e do emblema cultural da era da IA, em particular se essa pontuação alta o surpreende.

Capítulo 5

Narcisismo Digital

Como a era da IA nos torna ainda mais egoístas e mimados do que já éramos

> Legiões de homens musculosos e um bando
> de garotas desejando-os.
> — **Ovídio**

Na versão mitológica original que deu nome ao aspecto, Narciso, um jovem bonito, mas emocionalmente distante e presunçoso, é punido por Afrodite, a deusa do amor, por sua recusa em amar qualquer pessoa. A maldição dele é amar somente a si mesmo, portanto acaba se afogando enquanto admira seu próprio reflexo em um lago.[1]

Moral da história? Embora um pouco de amor-próprio seja esperado, se você se ama demais, não terá interesse nas outras pessoas, o que prejudicará sua capacidade de atuar como um membro bem-ajustado da sociedade.

Sem nenhuma surpresa, pesquisadores estudaram as consequências comportamentais das tecnologias digitais, inclusive de sua relação com o narcisismo, um traço psicológico associado a um senso grandioso e inflado de vaidade e de singularidade que acaba reduzindo a capacidade das pessoas de tolerar a crítica, de importar-se com os outros e de interpretar com precisão a realidade, sobretudo suas próprias habilidades, realizações e falhas.[2] Mesmo que você não faça parte dos 2% a 5% da população que, em geral, atendem aos critérios médicos do narcisismo patológico ou clínico no diagnóstico psiquiátrico, a era da IA normalizou o narcisismo legitimando as exposições públicas de nossa natureza egoísta e narcisista. Nesse sentido, todos somos narcisistas digitais ou, pelo menos, somos incentivados a nos comportar como narcisistas quando estamos online.[3]

O Aumento do Narcisismo

Há mais de um século importantes escritores e cientistas sociais avisam que estamos vivendo em uma era egocêntrica, uma epidemia narcisista, e que as gerações mais jovens só conseguem ser descritas como a geração do *eu*.[4] Embora possa ser fácil julgar essas afirmações como alarmistas, e provavelmente elas se destinassem às gerações passadas, há evidências de que o narcisismo está aumentando.

O psicólogo Jean Twenge monitorou as mudanças geracionais com medidas do narcisismo clínico validadas cientificamente. Por exemplo, uma das perguntas feitas nessas pesquisas é se as pessoas acham que são destinadas à fama. Nos anos 1920, apenas 20% de toda a população responderam que sim. Mas, nos anos 1950, o número foi para 40%; nos anos 1980, subiu para 50%; no início dos anos 2000, aumentou para 80%. Isso sugere que, assim como pelos padrões de hoje alguém considerado narcisista nos anos 1950 pareceria bem modesto e discreto, em 2050 poderemos rever e considerar até pessoas como Elon Musk, Kim Kardashian e Cristiano Ronaldo bem inibidas e reservadas.

O narcisismo, em sua forma clínica ou subclínica (ou seja, mais leve, adaptada e muito mais generalizada), pode ser entendido como uma busca extrema por autopromoção, no sentido de que tudo que os narcisistas fazem é motivado por um forte desejo de inflar sua autoimagem, massagear o próprio ego e cuidar da grande consideração que têm de si mesmos.[5] Isso inclui a tendência de se comparar com pessoas de menor sucesso para validar seu próprio conceito e a tendência de avaliar seus próprios talentos (por exemplo, desempenho no trabalho, atração, potencial de liderança, inteligência etc.) de um modo positivo e irreal, sobretudo comparando com como as outras pessoas avaliam isso.[6]

Uma das principais facetas do narcisismo é o *exibicionismo grandioso*, caracterizado pelo egocentrismo, pela vaidade e pelos impulsos de autopromoção, especialmente adequados em um mundo onde as relações humanas foram transferidas quase por completo para os ambientes digitais. Mais do que ninguém, o narcisista sente uma constante necessidade de ser o centro das atenções, mesmo que isso signifique praticar comportamentos relacionais inadequados, excêntricos e embaraçosos. De volta a Elon Musk, não contente em monopolizar muita atenção no Twitter, ele ofereceu US$44 bilhões para comprar o negócio inteiro (chamando ainda mais atenção ao sair do acordo feito).[7]

Embora a maioria dos estudos sobre narcisismo digital mostre uma correlação, não uma causalidade, a evidência aponta para uma ligação bidirecional entre o narcisismo e o uso das redes sociais, ou seja, quanto mais narcisista você é, mais usa as redes sociais, o que, por sua vez, o torna mais narcisista. Além disso, estudos experimentais e longitudinais, que diferem dos estudos correlacionais que podem detectar a causalidade, indicam que as redes sociais inflam a autoimagem das pessoas.[8]

A era da IA nos deu uma rede de proteção. Podemos fisgar com segurança os cumprimentos e cavar elogios sem temer a rejeição, mesmo que isso requeira praticar uma autopromoção exagerada, estando ao mesmo tempo realmente envergonhados de nosso verdadeiro eu e fingindo que os outros de fato acreditam que estão vendo nossa versão real.[9] O feedback que recebemos dos outros reforça a noção de que nossa persona pública é real ou genuína de algum modo, o que nos distancia cada vez mais de quem somos genuinamente. Contudo, as redes sociais apoiam falsamente a "autenticidade", como se fôssemos encorajados a agir de modos naturais e desinibidos, ao invés de escolher com cuidado nossa persona online. O escritor norte-americano Kurt Vonnegut certa vez observou que "somos o que fingimos ser, portanto devemos ter cuidado com o que fingimos ser". Na era da IA, nossa persona digital se torna a versão mais emblemática do nosso eu, e seu recurso mais generalizado é o narcisismo. Se não somos narcisistas, parecemos fingir ser.

Claro, não podemos culpar só as redes sociais por nos tornarmos narcisistas. Afinal, sem uma espécie já obcecada por si, nenhuma plataforma tecnológica, sistema e inovação que abastece a IA existiria, em primeiro lugar. Se não fosse por nosso foco constante, a IA estaria faminta por dados, e uma IA sem dados é como música sem som, uma rede social sem internet ou pessoas buscando atenção sem público.

Felizmente para a IA, e todos que lucram com ela, não existe escassez de atividades egocêntricas e egoístas para alimentá-la: por exemplo, postar selfies, compartilhar pensamentos, praticar níveis inadequados de exposição e passar nossos sentimentos, nossas visões, atitudes e crenças para o mundo como se fôssemos o centro do Universo ou como se todos os demais de fato se importassem.[10] Se os algoritmos que nos analisam fossem humanos, com certeza se perguntariam como uma espécie tão patética, obcecada e insegura chegou tão longe.

Considere um estudo que monitorou o cérebro das pessoas para medir como elas reagem ao feedback sobre suas selfies nas redes sociais. Os pesquisadores manipularam o feedback — curtidas *versus* nenhuma curtida — e rastrearam o nível de sofrimento psicológico que os participantes sentiram enquanto realizavam uma tarefa cognitiva desafiadora. As pessoas expostas ao feedback positivo tiveram menos sofrimento psicológico, sugerindo que a aprovação nas redes sociais pode ajudar os narcisistas a amenizar a dor da exclusão social.[11]

Embora possamos achar que o problema é com um pequeno número de usuários patológicos, devemos apontar o dedo para nós mesmos também e para nossas necessidades de engrandecimento como espécie humana. Nesse sentido, as redes sociais lembram muito cassinos. Mesmo que você não seja um jogador compulsivo, se passar tempo suficiente em um cassino, provavelmente fará apostas ou jogará nos caça-níqueis. O mesmo acontece nas redes sociais. Embora possamos criticar aqueles que mostram tendências narcisistas no Snapchat, no Facebook e no TikTok, essas plataformas nos encorajam a agir de modos parecidos. Contudo, como passar muito tempo no cassino não melhorará nossa sorte ou nossa série de vitórias, as redes sociais não solidificarão nem aumentarão nosso autoconceito. É o oposto, e isso tende a aumentar nossas inseguranças.

E mais, criará uma agitação de adrenalina ou falsa popularidade e apreço que nos ajudarão a nos sentir bem por um tempo com nós mesmos, trocando nosso tempo e nossa atenção por migalhas efêmeras de amor digital. Assim, seus instintos pró-sociais podem ser apropriados pelos algoritmos que facilitam que você acumule "amigos", produzindo novas conexões como um mecanismo de recomendação da Amazon sugere novos tênis, aumentando seu status social no processo, assim como os narcisistas buscam ampliar ou aprofundar suas redes para satisfazer seus níveis de vaidade e massagear o próprio ego, e não por causa de qualquer interesse real nas pessoas.[12] Por isso, o aspecto "social" das redes sociais lembra o aspecto antissocial do mundo real.

Se as pessoas fossem forçadas a escolher entre um celular com uma câmera de selfie ou um com câmera tradicional, pode apostar no primeiro superando o último. A selfie é a forma dominante de fotografia na era da IA, com estimativas globais sugerindo que uma pessoa morre toda semana como consequência direta de fazer selfies (por exemplo, atingida por um carro, atacada por um criminoso e caindo de um telhado).[13] Mas, ao longo da evolução da fotografia, os autorretratos eram a exceção, não a regra. Claro, artistas visuais famosos (como Velázquez, Rembrandt, Van Gogh e Modigliani) fizeram autorretratos, mas em geral estavam mais interessados nos aspectos do mundo que não incluíam eles mesmos. O pensamento de que, se estivessem vivos hoje, passariam mais tempo postando selfies nas redes sociais não é um bom sinal para ninguém convencido de que o avanço tecnológico equivale ao progresso ou à evolução cultural.

O mundo digital encoraja um comportamento que nunca existiria no mundo real. Nesse mundo real, se você passa todo seu tempo falando consigo mesmo e compartilhando tudo o que faz e pensa, sem filtro ou inibição, as pessoas sairão da sala e, a menos que você seja o chefe, darão dicas de que você está sendo desagradável. Mas no Facebook ou em qualquer rede social, o pior que pode acontecer é que as pessoas o ignorem, sem ninguém mais percebendo. O cenário muito mais provável é que elas pelo menos fingirão curtir o que você faz, reforçando sua autopromoção vergonhosa e sua exposição inadequada com a ajuda de algoritmos que o incentivam à autopromoção.

As métricas de engajamento e os algoritmos implantados para aumentar o tempo gasto nessas plataformas são egoístas por natureza; pense neles como incentivos narcisistas.[14] Assim, somos encorajados a compartilhar conteúdo, ideias e mídia para ter a aprovação dos outros, como um egocêntrico inseguro que precisa da validação das pessoas para manter uma autoimagem inflada. Estamos permanentemente ostentando, agindo e interagindo com uma exposição inadequada para impactar os outros. Uma consequência natural disso é um fenômeno psicológico recente definido como "intoxicação da transmissão", que ocorre "quando uma pessoa vivencia aspectos de sua autoestima e de sua valorização social segundo as críticas e as reações dos outros nas redes sociais".[15]

Embora não haja vantagens sociais objetivas em nos amar, obviamente recompensa fazer isso e com certeza é mais agradável do que as alternativas — se questionar ou se odiar. Mas, de um ponto de vista da evolução, uma autoestima saudável deve funcionar como um indicador preciso do valor social ou da reputação de alguém, sinalizando se os *outros* nos aceitam, valorizam ou gostam de nós.[16] Nossa autoestima evoluiu para nos dizer quando e como precisamos mudar nosso comportamento para que possamos ter uma vida melhor. Por exemplo, se meu ego fica machucado porque tirei uma nota baixa na prova, não consegui o emprego que desejo desesperadamente ou minha namorada rompeu comigo, sou presenteado com ótimas oportunidades para curar as feridas no meu ego me recuperando desses contratempos, mas isso requer que eu as aceite em primeiro lugar. Com certeza essas oportunidades são menos prováveis se minha reação é a negação das falhas.

Enfim, quando estou faminto de feedback negativo, vivendo com a ilusão de que tudo o que faço é admirável, cortesia de uma avalanche do aumento de sinais positivos de autoestima das curtidas nas redes sociais e de falso feedback positivo, é muito fácil acabar com uma autoimagem distorcida e ficar muito viciado nesses lubrificantes psicológicos de autorreforço.

O Brilho da Vaidade, Enfraquecido

O ser humano sempre mostrou um profundo desejo por apreço, que não é o responsável apenas por grande parte da vaidade e do merecimento no mundo, mas também pela civilização e pelo progresso. Nossa evolução cultural é abastecida por motivações narcisistas e vaidades obstinadas de poucos ótimos indivíduos que são desproporcionalmente responsáveis por orientar as mudanças, as inovações e as instituições, remodelando e melhorando nosso mundo. Os Medicis e os Vanderbilts não tinham Twitter, mas não há motivos para acreditar que a necessidade por reconhecimento e o ego deles eram menores que os de Elon Musk ou Bill Gates. O progresso do homem e a inovação em qualquer campo não são apenas a história de grandes pessoas, mas também a história da manifestação material de seu complexo de Deus.

Mas, por tradição, a motivação dos empreendedores excepcionais exigiu não apenas uma dose clara de vaidade e presunção não satisfeita, mas uma dose ainda maior de genialidade, brilhantismo e determinação, sem mencionar a capacidade de manter o próprio ego sob controle a fim de gerenciar as outras pessoas com eficiência para que se tornassem uma equipe de alto desempenho. Independentemente do que você pense sobre catedrais, sinfonias e corporações centenárias, raramente elas são o produto de puro narcisismo, mas de uma versão atenuada dele, diluída com trabalho dedicado e competência, inclusive talento de liderança. É essa combinação completa de ingredientes que sempre representou o algoritmo humano que fundamenta as realizações extraordinárias, e isso explica por que até o complexo de Deus, que talvez tenha orientado os Rockefellers e os Carnegies, assim como Bezos e Musk hoje, ainda deixa a sociedade com um excedente de inovações que geram avanço na qualidade de vida das pessoas e mudam o mundo para melhor. Você pode fazer isso como uma forma de narcisismo benevolente ou altruísta.

No entanto, o egoísmo ou a ganância excessiva é o parasita que corrói nossa capacidade de operar na coletividade como uma unidade social bem lubrificada e coesa. A ganância é uma causa maior de desigualdade, não devido a seus feitos valiosos, mas devido à sua tendência de desejar um excesso de poder, status e controle, por sua vez minando a democracia.[17] Quando fica sem o controle de leis e da empatia, a ganância é o motivo que explica por que o ser humano se destrói e destrói os outros, por que instituições e Estados inteiros fracassam e por que a desigualdade cresce rápido em todo período da história.

O mundo nunca foi mais rico que hoje, mas também nunca foi mais ganancioso. Os 26 homens mais ricos no mundo possuem mais riqueza do que os 50% mais pobres da população global combinada.[18] São quase 4 bilhões de pessoas. A ganância é, em última análise, uma forma de cobiça, portanto, quanto mais você tenta saciá-la, maior ela fica. Como disse Winston Churchill sobre Hitler quando chegou ao poder pela primeira vez: "O apetite dele pode crescer comendo."[19] Sociedades que censuram ou condenam a ganância, ao invés de tolerá-la ou de festejá-la, são menos vulneráveis às suas consequências tóxicas, porque terão menos dela.

Se o brilho da vaidade é corrompido pela ganância, ela é extinta por completo na ausência de talento e de trabalho dedicado. Em uma era de narcisismo galopante, fama e sucesso estão no topo da pirâmide de valores, não importando o mérito. Historicamente, nossa admiração pelas pessoas, como por sua fama real, era um produto de suas realizações reais e de nosso reconhecimento de que isso resultava de algum mérito, não de pura sorte de privilégio. Por exemplo, admiramos Maria Callas por causa de sua voz e presença incríveis, Velázquez por seus quadros que mudaram paradigmas, ou Catarina, a Grande, por sua visão e liderança. Sempre admiramos os famosos, mas nossa tendência em admirar pessoas famosas apenas por se admirar é um fenômeno recente. Na era da IA, se sua fama é realmente resultado de certos talentos ou feitos, fica quase em segundo plano em comparação com quem consegue ficar famoso por ser famoso. Todo estilo e nenhum conteúdo o levarão mais longe do que nenhum estilo e todo conteúdo. O mesmo acontece com os políticos e com a liderança: para toda Angela Merkel, temos muitos Bolsonaros, Johnsons, Orbáns e Putins.

Por exemplo, o principal feito de Kim Kardashian é ser famosa sem ter nenhum talento óbvio, exceto um talento elevado para a autopromoção. Há uma grande variedade de influenciadores sobre quem nunca se ouviu falar, como "Cozinhando com o cachorro" (em que uma japonesa explica como fazer pratos japoneses tradicionais enquanto ela é traduzida em outro idioma por seu cachorro assistente); ou "Pergunte ao agente funerário" (que defende a reforma do setor funerário do Ocidente e cobre muitas questões relacionadas à morte, como estado físico atual dos que morreram no *Titanic* e se nossas unhas continuam a crescer depois que morremos). Transformamos a fama em uma profecia de realização pessoal, resultado de grudar os olhos das pessoas em algum conteúdo de rede social que viralizou, tornando isso o principal veículo para influenciar e produzir os comportamentos das pessoas com a ajuda de algoritmos eficientes e implacáveis.

Como a era da IA fornece muitos mecanismos para impulsionar nosso ego, sentimos culpa quando falhamos nisso. Todo tweet ou postagem compartilhada com os outros é uma tentativa de fortalecer sua reputação. E, quando não conseguimos um reforço positivo instantâneo, é como se estivéssemos sendo ignorados ou rejeitados.[20]

Sem nenhuma surpresa, uma pesquisa mostra que os níveis de depressão e de ansiedade das pessoas aumentam quando são canceladas no Facebook, o que, sejamos sinceros, é uma abordagem tão profunda de amizade quanto Martin Garrix é para a evolução da música ou Jordan Peterson para a evolução da filosofia (por exemplo, arrume seu quarto, faça amizades com pessoas que se importam com você, não minta etc.).[21]

Embora o desejo de receber uma curtida ou de ser aceito seja um requisito fundamental em qualquer sociedade e a base para muito comportamento pró-social, ao se preocupar muito com o que os outros pensam sobre você, é possível que se transforme em um conformista irracional e perca qualquer senso de independência ou pensamento crítico. Você experimentará alguma forma de feedback negativo como apocalíptico e ficará deprimido assim que os outros o rejeitarem. Essa inclinação obsessiva a depender dos outros é igual ao narcisismo neurótico ou inseguro. Precisamos dos outros para inflar nosso ego e atender aos nossos desejos narcisistas. Assim que eles falham nisso, nossas inseguranças profundas e nossas vulnerabilidades internas ficam expostas, e isso parece insuportável.

A Armadilha da Autenticidade

Embora depender demais das opiniões e da aprovação dos outros seja um problemão, o oposto também acontece. Se você não se importa com o que as outras pessoas pensam a seu respeito — se escolhe se comportar de modos espontâneos sem filtro e inibição —, então está agindo de um jeito egoísta, tóxico e antissocial.[22]

Pensar nos outros pode ter efeitos pró-sociais. Para me usar como exemplo (o que é bem adequado em um capítulo dedicado ao narcisismo), conforme escrevo estas palavras tenho de fazer um esforço extra para *evitar* ser eu mesmo, levando em conta o que você, caro leitor, pode querer ler, o que meu editor está interessado em imprimir e o que outros especialistas nesse campo podem pensar de minhas ideias. Tudo isso não é sinal de fraqueza, conformidade irracional ou ingenuidade, mas um ingrediente essencial para um funcionamento interpessoal eficiente. Minha capacidade de me relacionar com os outros é um modo saudável que depende totalmente de meu desejo de conformidade com essas expectativas e normas.

Apenas em um mundo altamente narcisista um dos conselhos mais dados e populares sobre como abordar situações profissionais consequentes, como uma entrevista de emprego, seria a noção de que a maior fórmula de sucesso é "apenas ser você mesmo" e não se preocupar muito com o que os outros pensam a seu respeito. Esse provavelmente é um dos conselhos de carreira mais prejudiciais já dados. E, como as pessoas ainda conseguem empregos, alguém pode imaginar que há um volume bem alto de pessoas, se não a maioria, que ignora com segurança tal conselho.[23]

Nos ambientes de trabalho, as pessoas, e sobretudo os entrevistadores, estão interessadas em ver sua *melhor* versão.[24] Ou seja, você com seu melhor comportamento, dizendo o que as pessoas querem ouvir, mesmo que não seja o que você deseja dizer por impulso. Como observou o grande sociólogo Erving Goffman: "Somos todos atores tentando controlar e gerenciar nossa imagem pública, agimos com base em como os outros podem nos ver."[25] Seguir uma etiqueta social, mostrar contenção e autocontrole e fazer o jogo da apresentação pessoal maximizará suas chances de arranjar um emprego, ao passo que ser você mesmo pode fazer com que pareça mimado, autoritário e narcisista.

Se você quisesse adotar com seriedade uma abordagem livre na vida, teria de voltar ao começo e evitar qualquer influência dos pais, da família, dos amigos, dos professores e de toda a cultura. No caso improvável de ter sucesso nisso, é possível que acabasse totalmente exilado e desajustado, marginalizado pelas mesmas regras que decidiu ignorar. Comportamentos sábios ou primitivos seriam seu *modus operandi* normativo, e você se esqueceria de linguagem, maneiras ou funcionamento de adaptação em qualquer cenário social. Resumindo, seria o oposto total do que normalmente faria, que é adotar comportamentos aceitos ou recomendados socialmente e seguir as normas relacionadas ao grupo.

Uma interpretação mais moderada ou vaga desse mantra simplesmente nos encoraja a soltar nossas inibições sociais, a lidar com cada situação, sobretudo as importantes, sem filtros, sem censura e de um modo espontâneo, como faríamos na companhia de amigos próximos ou parentes. Por exemplo, se você vai a uma entrevista de emprego, talvez queira responder a cada pergunta com honestidade. Se tem uma reunião importante com um cliente, pode se expressar de modo aberto e livre, mesmo que isso signifique mostrar sua real opinião sobre o produto ou o cliente. E, se seus clientes perguntam se está feliz em vê-los, pode dizer com muita franqueza que é difícil ter que interagir com eles etc. Do mesmo modo, quando vai a um encontro, pode mostrar seus piores hábitos; afinal, se a pessoa gosta de você, deve gostar de como realmente é, com suas falhas autênticas. E os outros admirarão ou gostarão de suas falhas, contanto que sejam genuínas. Já suas virtudes artificiais terão menos valor, pois não representam o eu natural ou real. Embora essa versão de ser você mesmo seja mais acessível, também é mais improdutiva.

Como Jeffrey Pfeffer destaca em seu excelente livro *Leadership BS*, ser "autêntico", no sentido de mostrar os verdadeiros sentimentos de alguém, "é o exato oposto do que os líderes devem fazer".[26] Isso vai contra o conselho (ruim) de autoajuda que encoraja que os líderes se comportem de modo espontâneo e sem inibição, sem muita preocupação com o que os outros podem pensar, e que sejam verdadeiros consigo mesmos. Não apenas faltam dados nesse conselho, mas provavelmente isso também explica muitos problemas que os líderes criam em suas equipes e organizações. O treinamento melhor e mais eficiente foca ajudar os líderes a inibir suas tendências espontâneas e autênticas para desenvolver um repertório comportamental eficiente que substitui os hábitos naturais ou padrões por comportamentos atenciosos, pró-sociais e controlados. Nesse sentido, o treinamento é sobretudo uma tentativa de dissuadir os líderes de expressar seu eu autêntico. Por que ser você mesmo se é possível ser uma versão melhor? Por que o que parece natural, quando a pessoa consegue parar, pensar e agir de certo modo, a torna mais eficiente? Ninguém é líder por ser ele mesmo, mas por ter a influência mais positiva possível nos outros, o que normalmente requer uma consideração cuidadosa, atenção e gestão de suas ações, inclusive reprimir seus instintos naturais, se necessário.

Para uma espécie tão acostumada com a gestão da impressão e a decepção, é desconcertante ver o quão desagradável e imoral a maioria das pessoas acha o fato de que a norma real em qualquer sociedade — não apenas na moderna Los Angeles, na Inglaterra vitoriana ou na Viena de classe alta do século XX — não é a autenticidade, mas fingir, embora tal reação em si seja um testemunho do poder generalizado da gestão da impressão, que internalizamos a ponto de não termos consciência dele.

Mesmo que fôssemos realmente incentivados a agir de modo espontâneo e natural, isso não seria fácil. Talvez seja a maior evidência do fato de que estamos naturalmente pré-programados para fingir, para reprimir, ajustar e nos inibir em qualquer ambiente social significativo desde muito cedo. Por isso os pais não devem ficar surpresos com o fato de que muito jovens, seus filhos, normalmente são bem comportados quando visitam os filhos de outros pais, mas não em casa. Muito cedo na vida aprendemos a importância de *não* ser nós mesmos, em particular em situações de grande risco, sendo por isso que, se você é um adulto maduro e bem-ajustado, achará difícil seguir o pedido para "ser apenas você mesmo".

Entretanto, passamos muito tempo escolhendo nossos eus virtuais no esforço de utilizar nossa identidade digital para agradar os outros.[27] Escolhemos as fotos que amamos, contamos seletivamente nossas histórias de sucesso, enquanto ocultamos nossas ansiedades mais profundas e comemoramos com educação os feitos igualmente falsos e desinteressantes dos outros. Como diz uma velha piada das redes sociais, ninguém é tão feliz quanto parece no Facebook, tão bem-sucedido quanto parece no LinkedIn e nem tão esperto quanto no Twitter. Mas e se sobrar pouquíssimo em termos de comportamento ou reputação depois que contabilizamos as atividades online e todas as outras plataformas digitais que consomem nossa vida diária?

Nem é preciso dizer que existe um aspecto reconfortante e tranquilizador quanto à noção de que há mais em nós do que as pessoas veem, o que também implicaria na IA podendo imitar, no máximo, nossa persona pública ou profissional, não nosso eu verdadeiro ou real. Novamente, como nossos colegas de trabalho, a IA pode estar menos interessada em nosso eu real do que na pessoa que aparece todo dia, trabalha, age e se relaciona de certo modo, não importando como pode ser o eu interno dela.

Seu eu verdadeiro pode precisar de dez anos de terapia para ser descoberto, mas após algumas semanas você pode ter um bom modelo para prever seus comportamentos diários relevantes. O importante é que seu eu verdadeiro seja alguém que talvez quatro ou cinco pessoas no mundo tenham aprendido a amar, ou pelo menos tolerar, e não durante o almoço de Natal.

Apenas a Humildade Pode Nos Salvar

Se você aceita a premissa de que nossa cultura narcisista está fora de controle e as tecnologias baseadas em IA não são apenas a grande beneficiária disso, mas também a agravam, então faz sentido se perguntar: como podemos melhorar as coisas? Como podemos escapar desse mundo de egocentrismo ubíquo? Qual é o principal antídoto para a era do eu?

Humildade, a capacidade de entender seus limites e não superestimar seus talentos, poderia ser a resposta.[28] No nível individual, ser visto como humilde está associado a uma reputação mais positiva e maiores graus de simpatia. Consideramos alguém humilde quando a pessoa parece mais talentosa do que pensa que é. Oponha isso aos narcisistas, que são *menos* talentosos do que pensam ou, pelo menos, querem pensar. Uma pesquisa mostra que, quando detectamos um excesso de arrogância nas pessoas em relação a seus talentos, elas se tornam menos simpáticas.[29] Talvez, se lembrarmos dessa regra durante nossas interações nas redes sociais, paremos de reforçar os comportamentos narcisistas.

Outra vantagem individual da humildade diz respeito à gestão de risco pessoal.[30] Quanto menos você se engana sobre seus próprios talentos, mais provavelmente conseguirá evitar riscos desnecessários, enganos e fracassos. Só as pessoas que superestimam suas habilidades vão mal preparadas para entrevistas de emprego críticas, apresentações com clientes e provas acadêmicas. Também requer certo nível de arrogância evitar um conselho médico, participar de atividades autodestrutivas que colocam você e os outros em perigo e subestimar os riscos de fumar, beber, dirigir alcoolizado ou recusar vacinas durante uma pandemia. Da mesma forma, é muito mais provável que você desenvolva novas habilidades se identificou com precisão as lacunas entre as habilidades necessárias e as que realmente tem.

Também há vantagens coletivas na humildade. Uma sociedade que valoriza a humildade acima do narcisismo terá menos probabilidade de acabar com as pessoas erradas no comando. Em geral, muitos narcisistas são escolhidos como líderes porque conseguem fazer as pessoas pensarem que sua confiança é um sinal de competência. Como os ilustres historiadores Will e Ariel Durant escreveram: "A história da humanidade é um breve ponto no espaço e sua primeira lição é a modéstia."[31] Em minha própria pesquisa, resumida em meu livro anterior, *Why Do So Many Incompetent Men Become Leaders?*, destaco que a principal explicação para a importância da humildade na liderança é que normalmente não a escolhemos.[32] Por ironia, aqueles que são iludidos sobre seus talentos, a ponto de ser bem narcisistas, muitas vezes são vistos como líderes natos. Não há modo melhor de enganar os outros se você já conseguiu enganar a si mesmo. Isso tem um custo, que é raramente acabarmos com líderes conscientes de seus limites, e muitas vezes ficamos com líderes injustificadamente satisfeitos consigo mesmos, heróis em sua própria mente e arrogantes demais para aceitar a responsabilidade por seus próprios erros ou ter consciência de seus pontos cegos.

Ter líderes sem humildade é particularmente problemático durante uma crise, pois eles não prestam atenção no feedback dos outros, não aceitam a expertise dos outros e nem se responsabilizam por suas decisões ruins. Para desenvolver a humildade, é preciso ter alguma humildade para começar, e a maioria das pessoas tem. Se, como líder, você puder aceitar seus limites, mesmo que seja difícil, terá oportunidade para melhorar e aprimorar. É apenas percebendo que você não é tão bom quanto deseja ser que consegue embarcar em uma busca de superação pessoal, o que todo líder deve fazer. Não importa quanto potencial ou talento você tenha como líder, precisará melhorar para desempenhar a função. Os grandes líderes são sempre um trabalho em andamento; um líder que é um produto final provavelmente está acabado. Algo simples que você pode fazer para desenvolver sua humildade: preste mais atenção no feedback negativo.

Vivemos em um mundo que, felizmente, é bem civilizado, mas isso também significa que um falso feedback positivo, inclusive a ingratidão, é mais comum do que um feedback crítico e sincero, em particular de seus subordinados diretos. E você precisa exatamente desse tipo de feedback. Como minha colega Amy Edmonson e eu argumentamos, um dos melhores indicadores da liderança humilde é criar um clima de segurança psicológica em sua equipe e organização, no qual as pessoas que prestam contas a você se sintam livres para dar um feedback negativo.[33] Tente fazer isso com perguntas certas. Em vez de dizer "Eu não fui ótimo?", que é um modo de encorajar o elogio, pergunte "Como eu poderia fazer melhor?", "O que você teria feito diferente?", "O que você realmente gostaria de mudar em minha apresentação, relatório ou decisão?". E, claro, seja grato quando as pessoas derem o feedback, porque não é fácil. Elas achariam muito mais fácil bajular você.

As sociedades humildes — assim como grupos, organizações, instituições, equipes etc. — teriam uma possibilidade bem menor de declínio, uma vez que desvalorizaríamos os traços que ajudam os narcisistas a prosperar e recompensaríamos as pessoas por seu talento e seu esforço reais. Nesse tipo de mundo, o conteúdo superaria o estilo. E, em vez de promover quem se vê em alta consideração, procuraremos pessoas que tentam reduzir suas falhas, seus problemas e suas imperfeições, permanecendo humildes o bastante para querer buscar mais. Por último, mas não menos importante, uma sociedade humilde colocaria mais valor na empatia, no respeito e na consideração do que no egoísmo e na ganância, porque todos concordaríamos que um sistema justo facilita que as pessoas prosperem com mérito.

Todos temos o poder de exercitar mais humildade, não importa quanto tempo passamos no TikTok. Também temos o poder de não incentivar os outros a agirem com arrogância, de modo convencido. Não se apaixonar por sua própria vaidade, examinar com cuidado seus talentos reais e preferir pessoas que são humildes ou capazes de fingir humildade de modo convincente são meios bem viáveis de melhorar nossa evolução cultural na era da IA.

A humildade é a cura possível do mal da arrogância e da presunção na era da IA. Talvez não consigamos mudar nossa cultura, mas pelo menos podemos não ser influenciados por ela recompensando a humildade, não a arrogância nos outros, e nos comportando de modo humilde.

TESTE VOCÊ MESMO

Você É Narcisista?

O quanto você é narcisista? Teste e descubra.

- Amo ser o centro das atenções.
- Prefiro ser rico e famoso a ser uma boa pessoa.
- Às vezes tenho ciúmes do sucesso dos outros.
- Fico chateado com facilidade quando os outros me criticam.
- As pessoas que me conhecem gostam de meus talentos.
- Eu me vejo mais favoravelmente que os outros.
- Gosto de me cercar de pessoas que me admiram.
- Desejo a aprovação de outras pessoas.
- Sou destinado a grandes feitos.
- Acho difícil fingir humildade.

Dê um ponto para cada afirmação com a qual concorda e, então, some os pontos.

0–3: Você é um ser atípico: o último ser humano humilde.

4–6: Considere-se na média; você pode mudar na direção de mais (ou menos) humildade.

7–10: Você é o usuário perfeito das redes sociais e uma referência cultural da era da IA.

Capítulo 6

A Ascensão das Máquinas Previsíveis

Como a IA nos tornou criaturas muito sem graça

Talvez só vivendo como máquinas passaremos a gostar do ser humano. O desumano não nos deu apenas apetite pelo humano, ele está nos ensinando o que é.

— Brian Christian

Embora a IA tenha rotulado acertadamente o termo *máquina de previsão*, o aspecto mais marcante da era da IA é que ela está nos tornando máquinas previsíveis.

Quando se trata de nosso cotidiano, os algoritmos se tornaram mais previsíveis *porque* a era da IA limitou nossas rotinas a comportamentos autômatos repetitivos. Pressione aqui, olhe ali, arraste para baixo ou para cima, foque e desfoque. Construindo e limitando nossa faixa de comportamentos, desenvolvemos a precisão preditiva da IA e reduzimos nossa complexidade como espécie.

Curiosamente, esse aspecto crítico da IA foi em grande parte negligenciado: ele reduziu a variedade, a riqueza e a faixa de nossa experiência psicológica a um repertório bem limitado de atividades aparentemente irracionais, chatas e repetitivas, como nos ver na tela o dia inteiro, falar para os colegas de trabalho que eles estão sem som ou selecionar o emoji certo para as fotos engraçadas do gato de nosso vizinho, tudo no interesse de permitir à IA nos prever melhor.

Como se não fosse o bastante melhorar o valor da IA e da Big Tech com nosso treinamento contínuo dos algoritmos, estamos reduzindo o valor (e o significado) de nossas próprias experiência e existência eliminando grande parte da complexidade intelectual e da profundidade criativa que têm nos caracterizado historicamente.

A Humanidade como uma Previsão de Realização Pessoal da IA

Quando os algoritmos *tratam* ou processam os mesmos dados que usamos para tomar decisões práticas e consequentes, assim como fazer escolhas na vida, a IA não está apenas prevendo, mas também impactando nosso comportamento, mudando o modo como agimos.

Algumas mudanças orientadas a dados que a IA exerce em nossa vida podem ser comuns, como quando você compra um livro que nunca lerá ou assina um canal de TV que nunca assistirá. Já outras podem mudar tudo, como quando você desliza direto para seu futuro cônjuge. A maioria de nós conhece casamentos que começaram (ou terminaram) com o Tinder, com uma pesquisa sugerindo que mais relações de longo prazo se formam com encontros online do que qualquer outro meio.[1] Nesse sentido, quando usamos o Waze para descobrir como ir de A até B, verificamos o app de clima antes de nos vestir ou usamos o Vivino para terceirizar uma classificação de vinho, estamos pedindo à IA para atuar como o concierge de nossa vida, reduzindo nossa necessidade de pensar ao tentar aumentar a satisfação com nossas escolhas.

Problemas para propor uma nova senha? Não se preocupe, ela será gerada automaticamente para você. Não consegue terminar uma frase no e-mail? Tudo bem, ela será escrita para você. E, se você não tem muita vontade de estudar o mapa da cidade que está visitando, aprender palavras de outro idioma ou observar os padrões do clima, sempre pode contar com a tecnologia para fazer o trabalho em seu lugar. Assim como não há mais necessidade de aprender e memorizar os números de telefone das pessoas, você pode se virar em qualquer destino remoto e novo seguindo o Google Maps. A IA de tradução automática o ajudará a copiar e colar qualquer mensagem para qualquer pessoa em qualquer idioma desejado ou traduzirá qualquer idioma para o seu, então por que aprender um? E, claro, o único modo de não passar mais tempo escolhendo um filme do que assistindo é seguir a primeira coisa que a Netflix recomenda.

Assim, a IA nos isenta da dificuldade mental causada por ter escolhas demais, algo que os pesquisadores chamam de *paradoxo da escolha*. Com mais escolhas vem mais incapacidade de escolher ou de ficar satisfeito com nossas escolhas, e, em grande parte, a IA é uma tentativa de minimizar as complexidades fazendo as escolhas por nós. Professor da NYU e autor do livro *Depois do Corona*, Scott Galloway observou que o que os consumidores querem realmente não é mais escolha, mas confiança em suas escolhas. E quanto mais opções, menos confiante você será logicamente em sua capacidade de fazer a escolha certa. Parece que Henry Ford estava exercendo um grande foco no cliente quando afirmou que "os clientes são livres para escolher seu carro com qualquer cor, contanto que seja preto".

Não importa como a IA se desdobra, provavelmente ela continuará tirando mais esforço de nossas escolhas. De forma alguma é improvável um futuro no qual perguntamos ao Google o que devemos estudar, onde devemos trabalhar ou com quem devemos nos casar. Nem é preciso dizer que o ser humano não tem um histórico brilhante em quaisquer dessas escolhas, sobretudo porque historicamente abordamos tais decisões de um modo casual e impulsivo. Assim como em muitas outras áreas do comportamento humano que se tornaram alvo da automação da IA — por exemplo, veículos autônomos, bots de entrevista por vídeo e decisões do júri —, o índice atual está baixo. Não é necessário que a IA seja precisa, muito menos perfeita, para fornecer valor acima da média ou dos comportamentos típicos do homem. No caso dos carros autônomos, isso significa simplesmente reduzir 1,35 milhão de pessoas que morrem em acidentes de carro todo ano.[2] No caso dos bots de entrevista por vídeo, o objetivo seria representar mais de 9% da variabilidade no futuro desempenho no trabalho que as entrevistas de emprego tradicionais representam (uma correlação de 0,3 no máximo).[3] E, no caso das decisões do júri, simplesmente exigiria que reduzíssemos a atual probabilidade de 25% dos júris em condenar por engano um inocente, que são quase três em dez réus.[4]

Assim, em vez de se preocupar com os benefícios da IA para de fato cuidar das decisões que contavam historicamente apenas com nosso próprio raciocínio, talvez devamos nos perguntar o que exatamente estamos fazendo com o tempo de raciocínio que a IA libera. Se a IA nos libera da tomada de decisão chata, comum e até difícil, o que fazemos com essa liberdade mental que ganhamos? Afinal, esta sempre foi a promessa e a esperança de qualquer revolução tecnológica, ou seja, padronizar, automatizar e terceirizar as tarefas para as máquinas, de modo que possamos realizar tarefas intelectuais ou criativas de nível mais avançado.

Contudo, quando o que é automatizado é nosso pensamento, nossa tomada de decisão e até nossas escolhas cotidianas, sobre o que devemos pensar? Não há muita evidência de que a ascensão da IA tenha sido utilizada de algum modo para elevar nossa curiosidade ou nosso desenvolvimento intelectual, ou que estamos ficando mais inteligentes. Nossa vida parece não apenas prevista, mas também ditada pela IA. Vivemos limitados por algoritmos que roteirizam nossos movimentos diários e nos sentimos cada vez mais vazios sem eles. Você não pode culpar a tecnologia por tentar nos automatizar, mas podemos, e devemos, nos culpar por permitir que ela retire qualquer criatividade, invenção e genialidade de nós para nos tornar criaturas mais previsíveis.

O problema é que podemos estar perdendo a chance de introduzir alguma luz, riqueza e acaso, sem mencionar humanidade, em nossa vida. Enquanto otimizamos nossa vida para a IA, diluímos a amplitude e a profundidade de nossa experiência como ser humano. A IA nos trouxe muita otimização às custas da improvisação. Parecemos ter cercado nossa humanidade de algoritmos, como uma versão digital da síndrome de Estocolmo. Nossas exatas identidade e existência foram colapsadas em categorias que as máquinas usam para entender e prever nosso comportamento, com toda nossa característica reduzida a coisas que a IA prevê sobre nós.

Historicamente, operamos com a suposição de que os seres humanos são psicologicamente complexos e criaturas profundas, e por isso levamos um tempo para realmente conhecer alguém. Digamos que você esteja tentando ajudar um semelhante a entender quem você é, uma tarefa monumental, talvez até impossível. Considere que "quem você é" poderia ser dividido na soma de todos os seus comportamentos — algo difícil de monitorar, registrar, observar e interpretar, mesmo nos tempos atuais do capitalismo de vigilância — *mais* a soma de todos os seus pensamentos e sentimentos, algo que, sem dúvidas, é ainda mais obscuro. Além disso, considere todos os níveis de explicação necessários para entender cada aspecto seu, desde processos biológicos (por exemplo, fisiologia, biologia, composição genética) até teorias sociais, psicológicas, culturais e filosóficas destinadas a traduzir seus padrões pessoais de atividade em um modelo seu significativo.

Na extremidade inferior do espectro de complexidades está a abordagem da IA para nos definir: ela simplifica muito o desafio e lida com a questão de modo muito superficial e genérico, ou seja, restringe a faixa de coisas que você faz, sente e pensa, limitando o possível repertório de comportamentos que você provavelmente terá em um dia comum, ou durante a vida, para melhorar qualquer modelo mental que os outros têm de você. Isto é, em vez de simplificar demais o modelo, você pode tentar simplificar a si mesmo.

O mundo das criações humanas pode ajudar a esclarecer isso. Por exemplo, é mais complexo entender o filme *Cidadão Kane* do que

Velozes e Furiosos 8. É mais complexo entender Wagner do que Ariana Grande. É mais complicado entender o quadro *Las Meninas* de Velázquez do que uma arte de elevador com produção em massa pendurada nos corredores do Hampton Inn. É igual com as pessoas: somos diferentes em nossa complexidade pessoal, de modo que alguns são mais "multidimensionais" que outros.[5] Algumas pessoas são tão fáceis de ler que uma ou duas categorias podem ajudar a entendê-las e prevê-las, no sentido de que são emblemáticas de suas categorias relevantes. Algumas conseguem combinar interesses conflitantes, atitudes antagônicas e padrões de comportamento quase paradoxais; podemos chamá-las de imprevisíveis. Se você deseja ajudar os outros a entender quem você é, do que gosta ou o que provavelmente fará, basta eliminar qualquer complexidade e imprevisibilidade de sua vida.

Reduza sua vida ao óbvio, ao monótono e à repetição, e qualquer modelo seu rapidamente ganhará poder preditivo, não importando a simplicidade. Por exemplo, se o modelo que tenho de você é o de um ser humano que passará seus dias vendo várias telas, clicando, tocando, rolando diferentes páginas de um modo ainda mais repetitivo, até um computador será capaz de entender quem você é. Agir como um robô nos torna mais familiares a eles, e estamos otimizando nossa vida para essa finalidade.

A Vida na Linha de Montagem Virtual

A IA nos torna menos livres? Claro, o livre-arbítrio é um grande tema na filosofia, na psicologia e na neurociência. Contrário ao que o senso comum diria, cientistas têm a visão convencional de que não há livre-arbítrio, que nossas decisões são tomadas *para* nós, não *por* nós, e que a consciência é, no máximo, uma sobra inexplicável da evolução humana e, no mínimo, uma construção inventada.[6] Existe um paralelo interessante a considerar: o papel da previsibilidade. Quando você consegue prever algo, tem mais controle sobre ele. E, se tem mais controle, isso deixa esse algo menos livre. Não significa que podemos controlar o clima quando o prevemos, mas a previsão dá mais controle sobre o clima e diminui o controle que o clima tem sobre nós.

Também é filosoficamente complexo entender quem está no controle, digamos, quando agimos de modos previsíveis: uma força interna que nos possui, o sistema, a IA, a Big Tech, nossa natureza ou apenas nós. Afinal, concordo em ver o próximo clipe no YouTube, seguir a rota sugerida pelo Waze ou beber outra cerveja. Quem está no controle da minha viagem no app Uber: eu, o motorista, o app ou alguma força cósmica desconhecida chamada Universo, Deus ou IA? Ou todos esses comportamentos nos deixam culpados e indefesos porque sentimos falta de controle e raramente decidimos mudá-los? Em um artigo interessante, o autor Adam Grant observou recentemente que estamos *definhando*, não vivendo, uma palavra que poderia resumir muitos dos sentimentos despertados ou, pelo menos, imputados neste livro.[7] Uma vida sem culpas consistiria em controlar ou inibir nossas tentações tecnológicas? E qual aspecto exato faria realmente com que nos sentíssemos livres?

Muitos filósofos observaram que não há problemas em não ter livre-arbítrio, contanto que possamos viver com a ilusão de que temos. Mas o inverso é bem menos agradável: não sentir nenhum controle sobre nossa vida enquanto somos realmente livres para modelá-la e criá-la, ou seja, somos equipados com o livre-arbítrio, mas sem consciência dele, como se vivêssemos com a ilusão de que nossas escolhas são feitas por alguém em nosso lugar e que fomos reduzidos a automações ou a máquinas controladas pela IA.

O sentimento da falta de ação não só sinaliza uma derrota moral ou espiritual, mas também limita gravemente nossos sensos de liberdade e de responsabilidade. Com certeza, como a IA só chegou recentemente em nossa vida, há limites para culpá-la. Da mesma forma, há uma diferença entre controlar alguém com dados e simplesmente coletar dados sobre a pessoa. Grande parte do que a tecnologia, e até a IA, faz é monitorar, medir e examinar. Muitos problemas atribuídos à IA ou à tecnologia não acabam se desativamos os algoritmos, removemos a IA ou paramos de medir as coisas.

Por exemplo, meus padrões de sono não ficam diferentes quando desconecto meu Oura Ring ou me esqueço de carregá-lo. Se, como o filósofo Ludwig Wittgenstein observou, a diferença entre minha mão levantar e eu levantar minha mão é o livre-arbítrio, então a sensação de controle ou a experiência subjetiva da ação ativa pode ser a chave. É isso que corremos o risco de perder em uma época em que não temos alternativas analógicas e nos sentimos facilmente presos em uma rede de previsões algorítmicas, de incentivos digitais irresistíveis, mas sem sentido, em um ciclo de medo existencial sem fim. Claro, uma vida ludita de retroatividades recicladas não é exatamente criativa, então como criar, o que criar e por quê?

Naturalmente, o mundo analógico tem esses problemas. Organizações sempre buscaram controlar e gerenciar seus funcionários com o design e a estruturação de tarefas e de atividades visando aos resultados previsíveis, mensuráveis e improváveis.[8] O que começou como uma "gestão científica" com as linhas de montagem de Frederick Taylor agora passou a ser totalmente virtual na era da IA, exemplificado pelos trabalhadores gig totalmente dependentes de uma plataforma e gerenciados exclusivamente por algoritmos. A ideia de Taylor era que os trabalhadores seriam controlados por um "cérebro distante", ou seja, a gerência sênior. Hoje, esse cérebro é a IA, embora ainda em desenvolvimento.[9] Antes de ficar alarmado com isso, lembre-se de que a gerência sênior não é um índice muito alto a alcançar.

Existem muitas vantagens possíveis para ter algoritmos monitorando, medindo e gerenciando seu desempenho, como uma maior precisão, objetividade, consistência e redução dos favores políticos e dos comportamentos tóxicos.[10] Por exemplo, é muito mais difícil ser assediado pela IA do que pelo chefe humano.[11] Mas também há um lado claramente desumano em ser gerenciado por uma máquina, em particular quando o objetivo dela é nos tornar uma máquina também.

Enquanto os avanços tecnológicos anteriores, como a Revolução Industrial, foram sobre mecanizar o trabalho manual, substituindo os comportamentos humanos pela atividade da máquina, a atual revolução da IA, muitas vezes chamada de Quarta Revolução Industrial, é sobre mecanizar o trabalho intelectual, substituindo o pensamento humano e aprendendo com as alternativas da máquina.[12] Isso também tem lados positivos. Por exemplo, os carros autônomos melhorarão as vidas de passageiros e de pedestres porque reduzirão as chances de morrer ou de ficar ferido em acidentes de carro, viajando com mais segurança de um lugar para outro. Os passageiros podem continuar produtivos (ou relaxados) enquanto os carros se dirigem, sobretudo porque não têm nada mais para fazer.

Nossa criatividade nos permitiu aumentar a eficiência em cada área da vida. Criamos tecnologias e sistemas automatizados que diminuem a necessidade de uma profunda reflexão. Onde há um componente de rotina remoto para algo, aprendemos a economizar o pensamento ou reduzir a necessidade de pensar muito em apenas um caso, portanto podemos padronizar as decisões e as respostas a fim de liberar nossa mente para outra coisa.

Mas com que finalidade? Se iremos automatizar ou terceirizar nosso julgamento e nossa tomada de decisão, não há fortes indicadores de que queremos investir nossos recursos mentais liberados em alguma atividade criativa, inspiradora e enriquecedora. Como o brilhante autor e professor Gianpiero Petriglieri destaca, é essencial desafiar a "desumanização dos ambientes de trabalho", o que pode acontecer apenas se pararmos de otimizar para ter ainda mais eficiência e começarmos a recuperar "o refinamento, a racionalidade e a limitação".[13]

Por vezes, parece que somos todos atores, desempenhando o mesmo papel e recitando as mesmas falas, noite após noite. Quando trabalhamos e vivemos em um mundo digital, cada vez mais privados das devidas experiências analógicas, somos forçados a permanecer sempre no papel: navegamos, clicamos e reagimos; encaminhamos, classificamos e ignoramos. No processo, corremos o risco de ignorar a vida como ela era, simultaneamente mais simples e rica, mais lenta e rápida, casual, porém certa. Sem nenhuma surpresa, nos últimos anos, vimos um aumento drástico de pesquisas sobre a atenção plena e intervenções, que visam conquistar um pouco de espaço mental, paz e tranquilidade para nosso cérebro excessivamente estimulado, permitindo que vivamos no momento e façamos uma conexão mais profunda com a realidade.[14] Existe agora um mercado em plena expansão para apps, guias e ferramentas de meditação digital.[15] A ironia é fácil de ver, como em um vídeo no YouTube sobre como parar de assistir ao YouTube ou o setor sem xixi de uma piscina.

Preocupações com o grau de controle que os algoritmos e a IA ganharam sobre nós parecem bem razoáveis e justificadas. Se a Amazon pode prever o que compramos, quanto controle temos sobre ela? Se a Netflix pode prever o que queremos assistir, quanta liberdade temos? E, se o mundo é catalogado com inúmeras métricas relacionadas àquilo que todos nós e cada um de nós prefere, quanta liberdade temos para nos comportar de modos casuais? Se somos o somatório das coisas que a IA pode prever sobre nós, ainda temos a liberdade de tomar decisões imprevisíveis? Ou a nossa liberdade só se encontra nas decisões e nos comportamentos que ficam fora da competência dos algoritmos?

Talvez um dia tenhamos o prazer de enganar a IA, mesmo com o simples ato de fazer uma classificação incorreta e deliberada das rodas, do poste ou dos semáforos em um teste de cibersegurança, o desafio comum implantado para identificar se somos humanos ou IA (a propósito, confesso que eu mesmo falhei mais de uma vez nesse "teste de humanidade" comum, portanto estou começando a questionar meu próprio status).

Mesmo que a liberdade seja reduzida à percepção dela, um livre-arbítrio autopercebido, se preferir, com certeza o modo de aumentá-la é agir como a IA e os algoritmos não esperam. Uma vida otimizada para refutar a IA e invalidar suas previsões parece mais interessante do que uma que os algoritmos explicam completamente. Quer se juntar a ela?

O Acaso da Engenharia

O acaso costumava ser uma rotina; ele representava a sintaxe básica da vida. Nós o construímos em nosso cotidiano e modelo funcional conforme aprendemos a viver com ele, mesmo quando não o amamos com consciência. E mais, havia algo mágico em saber que alguém que acabamos de conhecer gosta da mesma música ou fez a mesma faculdade, sem mencionar os encontros aleatórios em bares, inclusive os que resultavam em casamentos. Agora nos lembramos do acaso como um capítulo perdido em nossa vida. Não ficamos totalmente sem ele, mas não nos importaríamos em ter um pouco mais de novo. É quase uma habilidade adquirida atualmente, porque nossa vida é predominantemente otimizada para evitá-lo.

Como mudar isso? Para começar, no mundo digital, a criatividade e o acaso virão de agir de modos que os algoritmos não conseguem esperar ou prever. Por exemplo, o que você escolherá pesquisar no Google? A resposta criativa é algo que o recurso de preenchimento automático do Google não pode prever. Do mesmo modo, imagine dizer algo inesperado no Twitter ou assistir a algo que você normalmente não vê na Netflix etc. Vivemos em um mundo otimizado para a previsão, portanto os algoritmos (e suas plataformas de hospedagem) tentam padronizar nossos hábitos para aumentar seu poder de previsão. É como trabalhar com alguém que é um pouco obsessivo ou estar casado com um controlador: tire algo do lugar e seus modelos e sistemas entram em colapso. Eles se sentem ansiosos e fora de contexto se são surpreendidos, portanto tentam tornar o mundo o mais previsível possível. O mesmo acontece com os algoritmos do Facebook ou do Google.

Em linhas gerais, o objetivo deve ser criar uma versão nossa mais rica, abrangente, variada, diversa e heterogênea. Pense nisso como diversidade em um nível *individual*: ampliar nossa identidade para englobar muitos *eus*, um eu múltiplo, como a empreendedora Riccarda Zezza observa, realmente enriquecendo nosso caráter e nossas perspectivas.[16] Como resultado, também nos tornaríamos versões menos previsíveis de nós mesmos, pois nossos hábitos, nossas crenças e nossas opiniões não refletiriam uma ideologia uniforme ou um autoconceito restrito. Ao conhecer uma coisa sobre alguém (por exemplo, em quem vota, onde mora, o que faz, a comida favorita ou o canal de notícias que assiste), é provável poder prever com precisão tudo mais sobre a pessoa, então não há muita complexidade nela. Até intelectualmente, o autoconceito consistente e restrito da pessoa a impediu de ter que pensar, raciocinar ou tomar novas decisões. E quanto mais previsível a pessoa é, menos controle, ação e criatividade ela tem.

Somos a parte mais difícil de mudar no mundo, mas também a mais importante. Precisamos examinar nossas ações e criar novos padrões de comportamento, reexaminar nossas crenças e instigar uma dose mínima de motivação em nossa vida. Senão, é melhor nos resignar a ser meros passageiros ou espectadores neste mundo.

Apesar de todo dinheiro, poder e ciência por trás da tentativa de prever tudo o que fazemos e entender tudo o que somos, não há sinais óbvios de que a IA tenha conseguido realmente nos decodificar. Até agora, não existem evidências de que a IA ou qualquer outra ferramenta pode prever com muita precisão resultados amplos, como nossas relações, nossa carreira e nosso sucesso na vida em geral. Somos mais do que os algoritmos pressupõem, capazes de ações imprevisíveis.

A aleatoriedade está nos olhos de quem vê. Se você cria uma situação na qual as pessoas sentem aleatoriedade e casualidade, mas tudo é organizado e predeterminado, de fato você recria a ilusão de livre-arbítrio: quem se importa se não sou livre para escolher, contanto que eu *sinta* que sou? O interessante é que a IA muitas vezes segue uma abordagem inversa: ela tenta forçar a previsibilidade mesmo quando temos livre-arbítrio, em grande parte para supervalorizar seus poderes preditivos para os profissionais de marketing e o mercado. Assim, quando um algoritmo nos diz que provavelmente queremos ver o filme X ou ler o livro X, há uma profecia de realização pessoal aqui. Se confiamos nos algoritmos mais do que em nós mesmos, ou temos um conhecimento limitado para avaliar a precisão de tais previsões, então podemos apenas seguir em frente, o que, por sua vez, pode reforçar a precisão percebida dos algoritmos. Esse efeito placebo lembra um famoso episódio sobre Niels Bohr, ganhador do Prêmio Nobel de Física, que supostamente mantinha uma ferradura de boa sorte em seu escritório porque "foi dito que funciona, você acreditando ou não".[17]

Existe mais complexidade no comportamento humano do que a IA consegue lidar. Podemos criar e modelar nossas ações de modos que os algoritmos não esperam. A capacidade de enganar as previsões do algoritmo, a aritmética básica da IA, ainda continua sendo uma parte essencial da criatividade e da liberdade do homem. Isso pode ser um ativo no futuro: nossa vontade de escapar das caixinhas ou das gaiolas nas quais a IA tenta nos colocar. É um componente crítico da criatividade: quando você pensa em alguém (amigo, colega, pessoa) que define como "criativo", provavelmente é porque a pessoa tem a capacidade de surpreendê-lo, o que significa que ela refuta suas previsões do comportamento dela. Ela torna seus modelos falhos ou inválidos.

Tentemos ser menos previsíveis. Quando lhe dizem que você tem certos hábitos dos quais não gosta, isso dispara em você desejos de mudar e de melhorar. Se vemos os modelos que a IA tem para nós e, de fato, assistimos a um filme com base em nossos comportamentos e tendências diários, percebendo como nossa vida ficou chata, com certeza podemos encontrar um motivo para tentar ser uma versão mais criativa e imprevisível de nós mesmos.

Assista aos filmes que a Netflix nunca esperaria que visse. Conecte-se com pessoas que o Facebook ou o LinkedIn nunca esperariam. Veja vídeos que o YouTube jamais esperaria que visse. Invalidar as previsões da IA talvez seja o modo definitivo de explorar uma vida além dos modelos que os algoritmos têm de nós ou, pelo menos, de nos sentir livres.

Um dia, em um futuro não muito distante, seremos gratos por todos os momentos não documentados e não registrados de nossa vida que existem apenas em nossas memórias. A experiência de tentar compartilhar suas lembranças com as pessoas que compartilharam essas experiências reais ainda supera qualquer coisa que você possa ver no YouTube. O que é uma amizade, senão a capacidade de relembrar as experiências compartilhadas com os outros, sobretudo quando não há registros digitais? E, como a maioria de nós vivenciou durante a pandemia da Covid-19, as amizades digitais não são um substituto das amizades ao vivo, que oferecem uma variedade muito maior de benefícios psicológicos.[18] Do mesmo modo, apesar das tentativas de criar uma "IA amistosa", isso consiste principalmente em bots educados que, como os cães, são amistosos no sentido de que continuam bons e dóceis mesmo quando são mal tratados.[19]

Talvez quando nossos filhos crescerem eles encontrem seus amigos de infância e perguntem: "Lembra quando eu curtia seus vídeos no TikTok?", "Lembra quando vimos aquele feed no Instagram?" ou "Lembra a primeira vez quando vimos KSI jogar FIFA no YouTube?". Mas parece que essas lembranças ficarão um pouco menos intensas do que acontece quando você não está no TikTok ou no Instagram.

Se a capacidade de prosperar como ser humano depende muito de encontrar espaço, então o desafio neste capítulo da IA em nossa evolução cultural é encontrar ou criar espaço entre os algoritmos, celulares, tempo na tela etc. Quando Viktor Frankl relembra suas experiências no campo de concentração, ele deixa claro que o ser humano tem uma habilidade única de criar espaço do nada e de se expressar mesmo nas situações mais limitadoras e desumanas.[20] Em um mundo onde tudo que é relevante para nós é cada vez mais digital, então as coisas irrelevantes podem ser o que torna o ser humano um esforço interessante.

Até o momento, a IA não passa no teste de Turing quanto à criatividade. Mas com certeza ficará melhor. A IA para a criação de música já está bem amadurecida, com várias plataformas e programas oferecendo improvisação e composição do tipo "plug and play", com base em qualquer parâmetro selecionado, inclusive emoção e estilo. A maioria das gigantes tecnológicas, inclusive Microsoft, Google, IBM Watson e Sony, assim como startups especializadas como Aiva e Amper, têm produtos prontos, que foram usados para criar álbuns comerciais, como *I Am AI*, da estrela do YouTube Taryn Southern.[21]

Para você ter uma ideia do quanto essa área avançou, a IA — rodando em um smartphone — foi usada para completar a famosa Sinfonia Nº 8 de Schubert, que o compositor abandonou após dois movimentos. Pesquisadores de Stanford treinaram a IA para improvisar jazz com eficiência no estilo Miles Davis (com uma taxa de validação de 90% entre os ouvintes humanos).[22] Há muitos outros exemplos. Você pode imaginar que as coisas são muito mais fáceis com gêneros menos complexos do que o clássico e o jazz, até porque, bem antes de a IA ter sido usada para compor música, tínhamos música de elevador que parecia totalmente criada por máquina. A IA já escreveu muitos livros com histórias online dedicadas como www.booksby.ai [conteúdo em inglês].[23] Por exemplo, a IA do Google consumiu 11 mil livros para criar poemas como "cavalos devem comprar mantimentos. cavalos devem comprar qualquer animal. cavalos, o favorito de qualquer animal".[24] Apesar do mercado de trabalho difícil para poetas, isso sugere que eles não serão automatizados.

O problema em julgar as habilidades artísticas da IA é que a arte é algo muito subjetivo. Por exemplo, a principal diferença entre a instalação *The End of the Twentieth Century*, de Joseph Beuys, e uma pilha de grandes pedras, como a diferença entre a obra *My Bed*, de Tracey Emin, e minha cama, é que nenhuma cama ou nenhuma pedra grande teve lugar no museu Tate Modern. Isso também significa que existe uma grande diferença em valor e valorização, que naturalmente é bem subjetiva ou culturalmente determinada. Assim, quando a Christie's recentemente vendeu por US$432.500 um trabalho gerado por IA chamado *Portrait of Edmond de Belamy*, não foi novidade haver aqueles que se opuseram a esse tipo de arte. Na verdade, a arte algorítmica existe desde o início dos anos 1970, portanto talvez a principal mudança seja que a qualidade da arte melhorou ou que agora estamos mais abertos a definir as criações da IA como "arte" ou ambos.

Conforme a IA avança, a única coisa que mantém o homem como algo à parte é que podemos fazer um pouco de tudo, mesmo que a IA nos supere em cada tarefa. É a incapacidade de desenvolver uma inteligência artificial geral que ainda torna muito valiosa a inteligência humana geral, e é nossa capacidade de agir de modos imprevisíveis que limita o escopo da IA em acumular habilidades humanas.

Por isso especialistas como Margaret Boden, professora de ciência cognitiva, defendem que o principal aprendizado da era da IA até agora é que a mente humana é muito mais rica, complexa e sutil do que presumimos originalmente, pelo menos quando o campo da IA iniciou.[25] Talvez seja a pista para manter nossa relevância ou mesmo nossa vantagem sobre as máquinas, demonstrando nossa criatividade no futuro: surpreendendo não apenas outros seres humanos, mas também a IA. A surpresa é um recurso fundamental da criatividade. Se você não age de modos inesperados ou imprevisíveis, então é provável que não seja criativo.

É preciso desafiar a ordem das coisas, contrariar o *status quo* e a convenção, pensar que você é capaz de fazer melhor as coisas. Você deve desdenhar um pouco das ideias que são certas, porque a criatividade nunca é certa nos caminhos esperados. O poeta Charles Bukowski disse: "Encontre o que ama e deixe que te mate." É uma boa ilustração do processo criativo ou do que o filósofo Martin Heidegger descreveu como "ser para a morte".

O importante é que existem muitos modos práticos de tentar aumentar sua criatividade. Por exemplo, melhor priorização (que inclui dizer não com mais frequência), mudanças na rotina (como fazer um caminho diferente para o trabalho, adotar novos hábitos, se expor a novas pessoas, ideias e assuntos), ter um tempo livre para soltar sua curiosidade e encontrar hobbies ou atividades que o façam *se sentir* criativo (como cozinhar, escrever, tocar música, fotografar, desenhar algo) podem gerar variações ricas e valiosas em sua vida previsível, para o desgosto da IA.[26]

TESTE VOCÊ MESMO

Você É Previsível?

De preferência, a pergunta sobre se você se tornou ou, pelo menos, age como uma máquina previsível seria feita a outras pessoas, não a você. Do contrário, parece como perguntar à IA ou a um chatbot se ele é humano. Mas as seguintes afirmações são para ajudá-lo a entender se você está tendo uma vida padronizada que, pelo menos da perspectiva de uma experiência subjetiva, parece um pouco robótica.

- Não tenho muita certeza se não foi automatizado.
- Às vezes sinto que tenho pouca liberdade ou controle sobre meus comportamentos.
- Tudo que faço parece ser previsível ou repetitivo.
- Não consigo me lembrar da última vez em que me surpreendi fazendo algo diferente.
- Minha vida parece o filme *Feitiço do Tempo*.
- Sinto que os algoritmos que exploram minha vida me conhecem melhor do que eu mesmo.
- O tempo passa muito rápido.
- Muitas vezes tenho a sensação de definhar.
- Sinto que não tenho mais liberdade para ser criativo.
- Muitas vezes me sinto como um robô.

Dê um ponto para cada afirmação com a qual concorda e, então, some os pontos.

    0–3: Provavelmente você não passa muito tempo conectado como seus pares ou encontra meios de se surpreender e soltar sua criatividade.

    4–6: Você está na média e dentro de uma faixa que pode mudar facilmente na direção de comportamentos mais criativos ou robóticos. Talvez não tenha se tornado uma máquina previsível, mas pode querer tentar ficar um pouco espontâneo e livre.

    7–10: Você é o usuário perfeito das redes sociais e um bastião da era da IA. Agora a boa notícia: estar ciente dessas questões é necessário para fazer alguma mudança positiva. Quando gostaria de começar?

Capítulo 7

Automatizando a Curiosidade

Como a era da IA inibe nossa mente faminta

Nada na vida deve ser temido, apenas compreendido.
— **Marie Curie**

Entre as inúmeras habilidades de raciocínio do ser humano, poucas se tornaram mais importantes na era da IA do que a curiosidade, o desejo ou a vontade de aprender.

Todos os humanos nascem com um instinto de curiosidade; estudos mediram a curiosidade em bebês de 4 meses.[1] Se você passou um tempo com crianças, viu como coisas diferentes capturam a atenção delas e o *tempo do olhar* é um dos primeiros indicadores da curiosidade infantil: quanto mais tempo as crianças passam olhando algo, em particular objetos novos, e quanto mais interesse mostram nos estímulos novos, mais provavelmente mostrarão curiosidade quando adultos.[2] Em outras palavras, a mente faminta dos adultos começa a se desenvolver em uma tenra idade.[3] Infelizmente, também é verdade que os níveis de curiosidade tendem a chegar ao seu ponto máximo com 4 ou 5 anos no ser humano, diminuindo depois.

Mesmo que antigas civilizações, do Egito Antigo e da Grécia até o Iluminismo francês e britânico, sejam famosas pela mente aberta e pela curiosidade, pelo menos em relação às outras, em geral a civilização conspirou para prejudicar ou domar nossa mente faminta. Em grande parte de nossa história evolutiva, normalmente houve incentivos limitados para mostrar curiosidade.

Em vez disso, nossas principais táticas de sobrevivência favoreceram apenas uma dose mínima de curiosidade, como para explorar novas fontes de alimento ou experimentar novas ferramentas de caça.[4] Considere os caçadores-coletores. Se a tribo X andasse pela savana africana e de repente um de seus membros sentisse a necessidade de ir em uma direção diferente para explorar o que a tribo Z estava fazendo, talvez na esperança de mitigar seu tédio ou superar seus preconceitos inconscientes, ele seria morto e comido. Cenário mais favorável? Voltar para a tribo X com histórias interessantes, mas também com mais parasitas, o que poderia extinguir muitos de seus pares.

Como aprendemos durante a pandemia da Covid-19, o risco de uma infecção parasitária é muito maior se você socializa fora de seu círculo fechado.[5] Isso pode significar vinte pessoas na Itália ou duas na Finlândia, mas sempre há um preço a pagar ao exceder sua zona de segurança biológica, sobretudo se deseja manter os parasitas à distância.

A IA É Mais Curiosa que o Homem?

Embora a supressão da curiosidade esteja enraizada em nossa história evolutiva, a tecnologia exacerbou isso. Até certo ponto, a maioria das tarefas complexas que a IA automatizou é uma evidência do valor limitado da curiosidade humana, independentemente do aprendizado de máquina direcionado. Mesmo que não gostemos de descrever o aprendizado da IA em termos de curiosidade, está claro que a IA é cada vez mais um substituto para as tarefas que, até então, requeriam muita curiosidade humana, desde encontrar resposta para todas as perguntas urgentes que agora pesquisamos no Google até explorar possíveis carreiras, hobbies, destinos de férias e parceiros românticos.

A maioria dos problemas da IA envolve definir um objetivo ou uma meta que se torna a prioridade número um do computador. Para perceber a força dessa motivação, basta imaginar se seu desejo de aprender algo está bem avaliado entre todas as suas prioridades motivacionais, acima de sua necessidade de status social ou até das necessidades fisiológicas.

Nesse sentido, a IA é mais obcecada por aprender que os humanos. Ao mesmo tempo, ela se limita ao que consegue aprender. Seu foco e seu escopo são muito limitados em comparação com uma pessoa, e seu insaciável apetite por aprendizado se aplica apenas a diretivas extrínsecas — *aprender X, Y ou Z*. Isso claramente se opõe à incapacidade da IA em se autodirecionar ou ser intrinsecamente curiosa.[6] Nesse caso, curiosidade artificial é o oposto exato da curiosidade humana; raramente as pessoas ficam curiosas com algo porque foram informadas para ser. Contudo, esta é sem dúvida a maior desvantagem da curiosidade humana: é livre e caprichosa, portanto não podemos apenas estimulá-la à vontade, em nós mesmos e nos outros.

Ideias inovadoras já exigiram curiosidade, seguida de planejamento e teste em laboratório. Agora os computadores podem auxiliar os esforços de curiosidade pesquisando por conta própria otimizações de design. Considere a curiosidade aplicada na inovação de segurança dos automóveis, por exemplo. Lembra-se dos testes de colisão? Devido ao aumento drástico em capacidade, agora um computador consegue simular um acidente de carro.[7] Com esse processo inteligente de design, o computador tem o ciclo de vida inteiro de criação da ideia, teste e validação. Os designs finais, com flexibilidade suficiente, muitas vezes conseguem superar o que é humanamente possível.

Considere uma pessoa jogando no computador. Muitos jogos começam com várias tentativas e erros, portanto a pessoa deve experimentar coisas novas e inovar para ter êxito no jogo: "Se eu experimento isto, o que acontece? E se eu for por aqui?" As versões iniciais dos robôs que jogam não tinham muita capacidade; eles sabiam onde estavam os humanos rivais e o que estavam fazendo, mas isso não os tornava melhores que as pessoas. Mas, desde 2015, aconteceu algo novo: os computadores conseguiram nos vencer em bases iguais, sem muita informação contextual, graças ao deep learning (DL).[8] Humanos e computadores podem tomar decisões em tempo real sobre o próximo movimento (como um exemplo, veja o vídeo de um deep learning de rede para o jogo *Super Mario World*).[9]

Com a IA, o processo de design/teste/feedback pode acontecer em milésimos de segundos, não em semanas. No futuro, os parâmetros de design ajustáveis e a velocidade só aumentarão, ampliando nossas possíveis aplicações para o design inspirado por pessoas.

Considere a entrevista presencial, que todo trabalhador adulto tem de enfrentar. Melhorar a qualidade das contratações é um objetivo constante para as empresas, mas como fazer? A curiosidade de um recrutador humano poderia inspirá-lo a variar as futuras entrevistas com relação às perguntas ou à duração. Nesse caso, o processo para testar novas perguntas e critérios de avaliação é limitado pelo número de candidatos e de observações. Em certas situações, uma empresa pode não ter o volume de candidatos para fazer qualquer estudo significativo e aperfeiçoar o processo de entrevista. Mas o aprendizado de máquina pode ser aplicado direto nas entrevistas gravadas em vídeo e o processo de feedback do aprendizado pode ser testado em segundos.[10] Os entrevistadores podem comparar os candidatos com base nos recursos relacionados à fala e ao comportamento social.

As microcompetências importantes, como atenção, simpatia e linguagem baseada em conquistas, podem ser testadas e validadas com vídeo, áudio e linguagem em minutos, controlando as variáveis irrelevantes e eliminando os efeitos das tendências inconscientes (e conscientes). Por outro lado, os entrevistadores humanos muitas vezes não são curiosos o bastante para fazer perguntas importantes aos candidatos ou são curiosos sobre coisas erradas, então acabam prestando atenção em fatores irrelevantes e tomando decisões injustas. Todavia, uma pesquisa mostra que os candidatos ainda preferem entrevistas presenciais, em um caso claro de "ruim com ele, pior sem ele".[11] Talvez a perspectiva de ser apreciado por pessoas importe mais do que a capacidade de impressionar os algoritmos. Ou preferimos ser discriminados por pessoas e não pela IA?

Os computadores podem aprender mais rapidamente que nós e testar constantemente as ideias, contanto que tenham instruções claras e uma meta bem definida. Porém eles ainda não têm a capacidade de se aventurar em novos domínios de problemas e de conectar problemas semelhantes, talvez por causa de sua incapacidade de relacionar experiências desvinculadas. Por exemplo, os algoritmos de contratação não podem jogar damas e os algoritmos de design de carros não podem jogar no computador. Resumindo, em relação ao desempenho, a IA terá vantagem sobre os humanos em cada vez mais tarefas, mas a capacidade de permanecer caprichosamente curioso sobre algo, inclusive sobre coisas aleatórias, e buscar o interesse com paixão pode continuar sendo um traço humano exclusivo.

Mesmo que treinemos a IA para mostrar ações que lembrem a curiosidade humana, para cada problema que a IA resolve, haverá muitas perguntas levantadas. Em geral, as perguntas não são respondidas nem formuladas pela IA, em particular se estamos falando sobre questões novas, mas pelos humanos. Uma boa maneira de não apenas pensar na IA, mas de também utilizá-la, é fazer com que responda às perguntas que geramos, o que realmente deve nos deixar com mais tempo para responder às perguntas que podem ser respondidas e as hipóteses que podem ser testadas.

Espere, Mas Por quê?

Ao longo da história da humanidade, vários pensadores apontaram que o aspecto mais notável do conhecimento ou da expertise consiste não em encontrar respostas, mas em fazer as perguntas certas. Em particular, Sócrates acreditava que o papel do filósofo é abordar qualquer conversa com uma mente curiosa e extrair as respostas até para as questões mais profundas das pessoas comuns, contanto que você possa guiá-las com perguntas ainda mais pungentes.[12]

Podemos imaginar um futuro no qual a IA tem todas as respostas, mesmo que tenha obtido isso terceirizando as informações a partir de todas as pessoas, e fiquemos com a principal responsabilidade de fazer as perguntas relevantes. O Google teria sido um sonho para Sócrates, pois pode nos dar todas as respostas, contanto que façamos as perguntas certas. E ele fica mais inteligente quando mais perguntas são feitas. Por outro lado, nós ficamos mais estúpidos, porque nossa motivação para aprender, reter os fatos, ir mais fundo e além da superfície da informação que recebemos com o primeiro acesso em uma pesquisa no Google diminui e, com ela, nossa curiosidade intelectual.

A IA do Google pode responder grande parte das perguntas que fazemos (aparentemente só 15% das perguntas feitas nunca foram respondidas antes).[13] Mas ainda não pode nos ajudar a fazer as perguntas certas; no máximo, consegue mostrar semelhanças entre as frases iniciais de quando fizemos as perguntas e outras frases de perguntas feitas pela maioria dos usuários do Google consideradas parecidas, pelo menos em termos de local atual.

Mas talvez a curiosidade do homem ainda não tenha sido considerada digna de automação porque seria como a IA fazendo uma disrupção ou canibalizando a si mesma. O Google vende respostas para nossas perguntas, inteligentes ou idiotas. Se ele eliminasse nossas perguntas, não restaria nada para vender, a menos que fosse realmente capaz de prever quais perguntas queremos responder e conseguisse monetizar ou vender suas respostas sem que nos déssemos ao trabalho de fazer perguntas em primeiro lugar.

Automatizar certos aspectos da curiosidade é um objetivo interessante e útil da IA, e compatível com nosso incentivo para liberar alguns elementos básicos e previsíveis de nossa curiosidade, como saber onde é o banheiro, no interesse de fazer perguntas mais profundas. O único modo de automatizar e talvez até acabar com a curiosidade é responder a toda pergunta que temos ou passar a ilusão de que todas as nossas dúvidas, reais e possíveis, são respondidas. Por isso, temos pouco incentivo para perder tempo fazendo perguntas ou pensando muito nas respostas: tudo pode ser pesquisado no Google, e para o resto existe o Mastercard.

Pense em um futuro próximo no qual apenas perguntamos ao Google com quem devemos nos encontrar, casar ou trabalhar. Afinal, com o volume e a profundidade de dados que o Google tem sobre nós e o aprimoramento contínuo de seus algoritmos e de suas redes neurais, é possível esperar que as respostas dele para as perguntas sejam menos imprecisas e certamente mais orientadas a dados do que nossas próprias escolhas intuitivas, e subjetivas, sem mencionar as de nossos pais, amigos ou daquele tio maluco.

Recuperando a Curiosidade

O fato de que a curiosidade está ficando mais rara na era da IA explica por que ela tem alta demanda. Na verdade, a curiosidade é aclamada como uma das competências mais críticas do ambiente de trabalho moderno, e uma pesquisa sugere que não é apenas um indicador importante da empregabilidade de uma pessoa, ou seja, a capacidade dela de conseguir e de manter um trabalho desejável.[14] Os países onde as pessoas têm níveis maiores de curiosidade também desfrutam de mais liberdade econômica e política, além de PIBs maiores.[15]

Conforme os futuros trabalhos ficarem menos previsíveis, mais organizações contratarão indivíduos segundo o que eles *podem* aprender, não o que já sabem. Claro, as carreiras das pessoas ainda dependem muito de suas conquistas acadêmicas, que são (ainda) influenciadas por sua curiosidade (mais sobre isso depois).[16] Como nenhuma habilidade pode ser aprendida sem um mínimo de interesse, a curiosidade pode ser considerada uma das bases críticas do talento.[17] Como Albert Einstein observou: "Eu não tenho nenhum talento especial. Sou apenas apaixonadamente curioso."[18]

A era da IA agravou a importância da curiosidade em relação ao trabalho e às carreiras. Para cada trabalho que a IA e a tecnologia automatizam, novos trabalhos são criados, mas requerem novas habilidades e capacidades, que por sua vez exigirão curiosidade ou aquilo a que alguns se referem como *capacidade de aprendizado*, o desejo de adaptar suas habilidades para continuar empregado durante a vida profissional.[19]

Em uma reunião do Fórum Econômico Mundial em Davos, o ManpowerGroup previu que a *capacidade de aprendizado* seria o principal antídoto para a automação.[20] Aqueles que mais querem e conseguem se requalificar e desenvolver uma nova expertise têm menos probabilidade de ser automatizados. Quanto mais habilidades e capacidades você adquirir, mais relevante permanecerá no ambiente de trabalho. De modo inverso, se você é focado em otimizar seu desempenho, seu trabalho acabará consistindo em ações repetitivas e padronizadas que uma máquina poderia executar melhor.

Ser curioso, ou ter a mente aberta, é algo mais fácil de dizer do que de fazer. Na psicologia, há muito registro de estudo da abertura mental, em geral com o rótulo de "abertura à experiência". Talvez porque os dados sejam muito distorcidos nos estudantes de psicologia dos EUA, que geralmente são tão liberais quanto os acadêmicos que realizam a pesquisa, a mentalidade aberta foi mais ou menos definida como politicamente liberal, ou, devemos dizer, democrata, não republicana. Se fosse uma medida exclusiva da orientação política, a única coisa questionável seria o rótulo, que comemora uma filiação política enquanto condena a outra. Contudo, as coisas pioram com o fato de que glorificamos a abertura como uma medida geral de curiosidade, inclinação artística, refinamento cultural e inteligência verbal. Assim, as pessoas com pontuações altas em abertura são mais liberais, menos religiosas e mais orientadas intelectualmente. Como se pode imaginar, isso significa que, em geral, não se misturam com indivíduos conservadores, religiosos ou sem uma sofisticação cultural. E, claro, o sentimento é mútuo.

Mas um ser humano realmente aberto não ficaria em um dos extremos, oscilando levemente na faixa central da pontuação. Ele seria, para usar o termo da Cambridge Analytica agora famoso, psicologicamente *fácil de persuadir*. Sua ideologia não o impediria de tentar se conectar com aqueles que são diferentes nem o motivaria a excluir alguém de seus círculos puramente com base no fato de que não concorda com a pessoa ou tem estilos de vida diferentes, formações etc. Esse tipo de pensamento aberto, apartidário e agnóstico quanto ao valor não é só difícil de ter; realmente há poucos incentivos para tanto.

Na teoria, parece uma ótima ideia e algo logicamente crítico para aumentar a diversidade e a inclusão em qualquer grupo ou organização. A realidade é que isso exigiria muito do intelecto, requerendo uma avaliação de tudo e de todos com um novo começo, abandonando nossa capacidade de *pensar rápido* e desagradando nossos amigos e nossos círculos sociais. Quando uma sociedade fica mais tribal, há menos recompensas para quem se comportava de modos antitribais.

Grande parte do debate atual sobre a *cultura do cancelamento* não se orienta muito pelos acadêmicos liberais, mas pelos ideólogos conservadores que sentem que a esquerda sequestrou a narrativa nos círculos acadêmicos. Eles têm razão: as universidades ficaram psicologicamente homogêneas, e nas principais faculdades norte-americanas existem mais professores democratas que republicanos, em um fator de nove para um.[21] Embora haja muita vitimização de alguns pensadores de direita controversos que foram convidados a se retirar dos *campi* por suas palestras controversas, existe uma lógica clara nesse argumento: as universidades devem ajudar as pessoas a pensar por si mesmas, nutrir uma mente crítica, o que é impedido expondo-as apenas a pessoas que pensam como elas.

O que isso significa para a diversidade atual e para os programas de inclusão, que basicamente pedem que as pessoas aceitem, e de preferência gostem, quem é totalmente diferente delas? É como esperar apagar 300 mil anos de evolução, só para garantir que nosso empregador não tenha problemas e seja visto como um campeão da justiça e da igualdade. Claro, não é como muitas pessoas veem as coisas, pois grande parte da humanidade está realmente comprometida em aumentar a meritocracia e a equidade, ignorando milênios de atitudes antropoides em relação *ao outro*. A cultura tem o poder de influenciar como nossos instintos primordiais se manifestam, mas não silencia os genes. A única conclusão sã e honesta a que podemos chegar sobre os humanos e a diversidade é que o cérebro é tendencioso por padrão. Isso significa que o melhor que podemos fazer é eliminar as sanções culturais à nossa curiosidade e elogiar as pessoas por explorarem ambientes novos e distintos, inclusive outras pessoas.

Embora adoremos contar aos outros que somos misteriosamente complexos e imprevisíveis, seríamos os primeiros a surtar se de fato fôssemos imprevisíveis: imagine ver uma pessoa diferente sempre que olha para si mesmo no espelho ou não ter ideia do que faria em certa situação (por exemplo, se reunir com um cliente, ir a um encontro ou tomar café na Starbucks). Precisamos entender nossas ações, interpretar e rotular nossas motivações, e até organizar uma identidade harmoniosa e significativa que transmita com facilidade quem somos, para os outros e nós mesmos. Precisamos unir todos os pequeninos fragmentos comportamentais em nosso cotidiano para montar um autorretrato coerente. Em um formato bruto, somos profundamente decompostos, portanto nosso trabalho é reconstituir, recompor e reformatar.

Colocar rótulos de categorias nos outros para resumir a existência inteira da pessoa é fácil, mas fazer isso em nós mesmos é difícil, e por isso não aceitamos quando os outros agem assim conosco. O fato de que você não pode concordar nem discordar de ninguém ao lado sem ser rotulado (com sucesso) em um campo ou outro mostra como nossas atitudes e nossas identidades se tornaram previsíveis. Diga uma coisa sobre você e direi outras coisas. Considere a diferença básica entre um eleitor de Trump e um de Biden; é tudo que você precisa saber sobre alguém para prever se a pessoa ama ou odeia armas, veganos, ativistas da mudança climática e pronomes do gênero neutro. Esses fragmentos de identidade são indicadores importantes dos valores das pessoas, um guia rápido para uma tomada de decisão sensível ou uma bússola moral que organiza suas ações com o objetivo de fazê-las se sentir racionais, decentes e previsíveis. Todos criamos e amamos nossas bolhas de filtro, mas é assim que ficamos menos curiosos e mais intolerantes conforme envelhecemos.

Outro truque simples é desenvolver o hábito de perguntar *por que*, algo em que somos bons aos 3 anos de idade, mas que exige esforço aos 30 anos. Outro é impor mudanças de rotina regulares em nossa vida para que aumentemos nossos próprios comportamentos de exploração e adicionemos mais variedade de imprevisibilidade a nossos dias. As pessoas tendem a tornar o mundo o mais previsível e familiar possível, para que ele não as assuste, mas também é como acabamos preguiçosos mentalmente.

Desenvolvendo Nossa Própria Inteligência

Independentemente da capacidade da IA em avançar, fica claro que, na era da IA, a essência da inteligência *humana* é altamente confundida com humildade e curiosidade, talvez mais do que com conhecimento ou lógica. Quando todo o conhecimento do mundo tiver sido organizado, armazenado e puder ser facilmente recuperado, o que mais importará será a capacidade de fazer perguntas, sobretudo as certas, e o desejo de analisar a qualidade das respostas recebidas. Também precisamos da humildade de questionar nossa própria inteligência e expertise para que possamos permanecer fundamentados e manter um desejo inerente de aprender e de melhorar.

Então, se vemos a IA no contexto da inteligência humana, o que a inteligência precisa fazer diferente na presença da IA? Como Ajay Agrawal e colegas observaram no livro *Máquinas Preditivas*, como a IA é basicamente um mecanismo de computador dedicado a uma identificação rápida e escalonável de padrões, é melhor usar nossa inteligência para algo diferente.[22] Afinal, podemos esperar que as máquinas mostrem covariações, coocorrências e sequências nos conjuntos de dados com um nível de precisão que excede muito até as capacidades humanas mais avançadas e as pessoas mais inteligentes. Quando a IA domina e monopoliza a tarefa da previsão, o papel fundamental da inteligência humana se limita a duas tarefas específicas: (1) estruturar os problemas como problemas de previsão; (2) descobrir o que fazer com a previsão.

O primeiro é a base do que os cientistas vêm fazendo por séculos: formular hipóteses testáveis, ou seja, refutáveis, e definir as observações que podem ajudar a testar ou a fundamentar suas suposições. Um exemplo da primeira tarefa poderia ser "se passarmos menos tempo em reuniões, ficaremos mais produtivos", significando que o tempo médio de uma reunião poderia indicar ou sinalizar o desempenho. Um exemplo da segunda tarefa poderia ser "como a gerente passa 40% mais tempo em reunião que outras pessoas, direi para ela passar menos tempo nisso" ("e, se não fizer isso, será substituída por outra pessoa").

Embora princípios possam parecer óbvios, há um grande obstáculo para implementá-los: nossa própria intuição. Haverá muitas vezes em que a IA irá contra nosso bom senso, dizendo para fazer A quando nosso instinto diz para fazer B. Como quando o Waze e o Google Maps recomendam seguir a rota A, mas nossa experiência e nossa intuição dizem para pegarmos a B, os insights orientados a dados e derivados de qualquer IA podem entrar em conflito com nossos próprios instintos. Se você se considera um motorista experiente e sente que conhece a cidade, ainda pode usar o Waze, mas decidir confiar nele apenas às vezes, quando ele confirma seus próprios instintos.

Quanto a estruturar problemas como cenários hipotéticos, a questão é que existem muitas variáveis e fatores possíveis a considerar. Temos a tendência de escolher os que mais nos interessam, já capturando muitos preconceitos que regem a mente humana. Considere o gerente que planeja uma entrevista de trabalho altamente estruturada, fazendo as mesmas perguntas exatas aos candidatos e com uma pontuação predefinida para interpretar e calcular suas respostas quanto às demandas e aos requisitos relevantes do trabalho.

Embora esse tipo de entrevista há tempos seja identificado como um dos métodos mais precisos para selecionar pessoas para uma função, ele tem parcialidade.[23] Uma das mais difíceis de abordar, pelo menos para o ser humano, é o fato de qualquer seleção *a priori* de cenários hipotéticos será limitada, portanto, mesmo antes de a entrevista começar, os entrevistadores já terão certos atributos e sinais escolhidos, ignorando outros. Quanto mais abrangentes e completos tentam ser, mais difícil fica escolher os sinais certos durante a entrevista real; podemos de fato prestar atenção apenas em uma coisa por vez.

Na teoria, é sensato pensar em problemas de estruturação como problemas de previsão. Mas, na prática, temos uma capacidade limitada para esquematizar múltiplas previsões ao mesmo tempo, que dirá prestar atenção nos resultados. Nosso gerente imaginário pode ter identificado indicadores importantes que precisam ser observados nos candidatos, mas que provavelmente representarão um pequeno subconjunto dos padrões em potencial — relevantes e irrelevantes

— que surge nas entrevistas reais. Por exemplo, se os candidatos falam muito, é mais provável que sejam narcisistas ou egocêntricos (padrão hipotético), portanto não devo contratar pessoas que falam muito (o que fazer com uma previsão). Mas esse padrão pode ser apenas um entre as centenas ou até os milhões de padrões que aumentam a probabilidade de alguém ser inadequado para um trabalho. E, mesmo se existe apenas um padrão, isso não significa que somos bons em identificá-lo, pelo menos não de modo confiável.[24]

Suponhamos que nosso gerente de contratação decida que alguém é um bom candidato para o trabalho. Podemos garantir que ele de fato decidiu isso com base em sua lógica, não em algum outro fator? Talvez no papel a pessoa atenda aos critérios formais, como alguém que não falava muito, mas e todos os possíveis motivos que não foram registrados ou representados? Eles incluiriam o carisma, a simpatia e a atratividade do candidato.[25]

O mesmo se aplica quando julgamos artistas ou atores famosos por seus talentos. Por exemplo, sempre considerei Cameron Diaz uma boa atriz, além de divertida e carismática, mas talvez eu seja apenas atraído por ela. E, quando alguém se convence de que seu colega é chato ou pouco inteligente, podemos assegurar que essa decisão se baseou em fatos, não na raça, no gênero, na classe ou na nacionalidade dele?

A ciência da consciência é complexa e inconclusiva, mas um dos fatos pouco conhecidos é que o livre-arbítrio é uma ilusão. Afinal, tomamos a maioria das decisões influenciados por um conjunto de atividades neuroquímicas que são afetadas por toneladas de fatores que não incluem a lógica, desde a quantidade de luz solar até a temperatura ambiente, a qualidade do sono, o consumo de cafeína e, claro, uma forte preferência por estar certo, uma pessoa que raramente é intimidada pelos fatos.

Nosso Profundo Desejo de Entender

Mesmo que a IA seja capaz de adquirir algo nos moldes da curiosidade humana, a maioria de suas aplicações até hoje tem sido na fase de previsão, com pouquíssimos casos em que a previsão se traduz em compreensão, ou seja, ir *do que* para *por que* depende da inteligência humana e da curiosidade. São nossa expertise e nossos insights que transformam as previsões em explicações, e é nosso profundo desejo de entender as coisas que difere da obsessão incansável da IA por prever as coisas. Talvez sejamos a soma de tudo o que fazemos, mas a mera soma é insuficiente para explicar quem realmente somos ou por que fazemos o que fazemos. Nesse sentido, a curiosidade da IA é bem limitada, pelo menos em comparação com os humanos. Mesmo quando não conseguimos prever o que fazemos ou o que os outros fazem, temos a capacidade de imaginar. Embora haja um mérito incrível em decifrar quem somos, em particular se os computadores podem fazer isso de uma forma perfeita, escalável e automática, a realidade mais comum é que as grandes empresas de IA ficaram gordas e ricas sem nem tentar.

Nem sempre compramos o que a Amazon recomenda, vemos o que a Netflix sugere ou ouvimos o que o Spotify seleciona para nós (mas aparentemente sim). Parte do motivo é que ainda confiamos em nossos instintos mais do que na IA, mesmo permitindo que esses instintos sejam mais orientados a dados e guiados pela IA. A outra parte é que nem sempre *entendemos* o motivo dessas previsões. É como se um app de namoro online sugerisse que casemos com Yvonne, porque a IA recomenda, sem realmente explicar os motivos. Seria muito mais fácil confiar na IA se ela não parasse apenas no estágio da previsão, mas também incluísse uma explicação: case com Yvonne porque você e ela têm interesses parecidos e terão ótimas conversas, sexo incrível, filhos inteligentes etc. Do mesmo modo, se a IA recomendasse nosso melhor trabalho possível, desejaríamos saber por que ele é bom para nós: a cultura da empresa, as pessoas, a natureza da função, o potencial de crescer e ser promovido, ou todas as outras opções são apenas piores? Resumindo, queremos que a IA não apenas preveja, mas também explique.

Até hoje, grande parte das recomendações comportamentais da IA pôde contar com insights orientados a dados que o ser humano pode utilizar para tomar decisões, a menos que decida ignorá-los. A IA tem pouca necessidade de teoria; é uma abordagem de mineração de dados às cegas ou de caixa-preta. Por outro lado, a ciência inclui dados mais teoria, e ainda representa a melhor aposta para adquirir conhecimento por causa de sua abordagem replicável, transparente, ética e passível de explicação para formular e avaliar hipóteses. Se aceitamos a premissa básica de que a IA e a inteligência humana compartilham uma busca para identificar padrões ou vincular diferentes variáveis para identificar covariações, então devemos reconhecer o potencial que a IA tem para melhorar nossa compreensão das pessoas, inclusive de nós mesmos.

Sem dúvidas, o Spotify é capaz de prever muito bem minhas preferências musicais, mais que minha melhor amiga. Contudo, isso não é um indicador convincente de que ele de fato me conhece como minha melhor amiga, muito menos que me entende. Para realmente me entender, o Spotify precisaria adicionar contexto, teoria e mais dados a seus modelos, dados que vão além de minhas preferências musicais. Minha melhor amiga me conhece melhor que o Spotify porque ela tem uma faixa muito maior de sinais comportamentais nos quais se basear, e contexto e teoria, embora rudimentar, para traduzir esses dados em insights. Minha amiga não tem uma taxa de acesso de 100% ou mesmo de 60% recomendando músicas para mim, mas pode perceber imediatamente que minha escolha hoje revela minha nostalgia, mais do que o habitual. Talvez ela possa entender o motivo: Diego Maradona, o maior jogador de futebol de todos os tempos e a melhor exportação da Argentina, morreu. Claro, ela pode compartilhar da minha tristeza nesse evento e entender que nossa devoção a esse jogador épico e figura cultural emblemática também indica certos aspectos contra o sistema, oposicionistas e rebeldes de nossas personalidades, que não só compartilhamos, mas que também explicam nossa amizade para início de conversa — e até hoje é preciso ser humano para entender essa frase.

Uma das boas coisas sobre amigos é que eles nos entendem. As amizades são valiosas porque temos uma necessidade inerente de ser entendidos. Como afirma a famosa citação de Orwell em *1984*: "Talvez não se deseje ser amado tanto quanto ser compreendido."[26] A outra coisa boa sobre amigos é que parecemos entendê-los, o que ressalta a necessidade humana de entender o mundo. Nossos amigos mais próximos podem ser uma das poucas coisas no mundo que realmente entendemos. É precisamente essa compreensão que nos dá a base de experiências compartilhadas, companheirismo e afeição que tornam as relações humanas muito melhores que as relações entre humanos e máquinas, tanto que ainda podemos desfrutar da conexão com o ser humano mesmo quando ela acontece via máquinas. É uma fórmula que não pode ser escalada nem aplicada a todos, mas existem motivos bons e claros para tentar replicar essa compreensão profunda no restante do mundo. Seria ótimo viver em um mundo onde as pessoas são compreendidas, o que também exigiria que nós nos entendêssemos.

Nosso mundo é exatamente o oposto: ele tem pouquíssima compreensão ou uma crise de incompreensão. Como consequência, as pessoas tomam decisões irracionais sobre questões consequentes, como carreiras, relações, saúde e vida em geral. Como observou o antropólogo Ashley Montagu: "Os seres humanos são as únicas criaturas capazes de se comportar irracionalmente em nome da razão."

A má notícia (ou talvez a boa) é que ainda estamos longe de ter uma IA "empática", ou seja, uma IA que realmente entende como pensamos e nos sentimos, muito menos uma que se importa. Mesmo quando a IA pode prever nossas escolhas e nossas preferências melhor que nossos amigos, ela não tem nenhum modelo funcional de nossa personalidade. Nesse sentido, a diferença entre IA e inteligência humana se baseia muito na habilidade das pessoas de entender o ser humano. Se eu disser a você que toda noite João saca US$400 em um caixa eletrônico do lado de fora do cassino, sua conclusão será que João tem problemas com jogos (e muito dinheiro para gastar). Por outro lado, a IA simplesmente concluirá que amanhã João sacará mais US$400, abstendo-se de qualquer julgamento moral.

Do mesmo modo, o que os algoritmos do Twitter deduzem de seus seguidores e da atividade do Twitter é que você pode gostar do conteúdo X ou Y, sem entender se é de direita ou de esquerda, inteligente ou idiota, curioso ou limitado. O importante é que, sobretudo se você vem maratonando *Cobra Kai, Tiger King* e *Império da Ostentação*, os algoritmos da Netflix não irão supor que você é superficial ou pouco intelectual. Isso é algo que só os humanos fazem, como é uma preocupação do homem explicar que esse foi apenas resultado de um lockdown chato ou de uma curiosidade irônica e mórbida por uma cultura inferior e popular. Pelo menos essa é minha desculpa.

Um mundo de mais compreensão nos ajudaria a evitar muitas escolhas de vida ruins. Assim como seria mais fácil não perder tempo em aeroportos quando você sabe que o voo vai atrasar ou esperar para encontrar um amigo quando sabe que ele normalmente se atrasa, seria muito mais fácil minimizar o risco de escolhas de vida críticas e ruins quando conseguimos não só prever, mas também entender o resultado provável dessas escolhas. Por exemplo, as pessoas acabam tendo carreiras desfavoráveis, terríveis e pouco gratificantes porque alguém lhes disse que essa era uma boa ideia; talvez uma tia, um tio, a mãe ou um primo: "Seja advogado como seu tio Tom." Imagine se elas pudessem realmente entender que uma escolha de trabalho ou carreira diferente as faria prosperar, com bom desempenho, sucesso!

TESTE VOCÊ MESMO

Você É Curioso?

Quanta curiosidade você mostra no dia a dia?
- Raramente passo um tempo lendo livros.
- Prefiro ler manchetes a histórias inteiras.
- O bom das redes sociais é que você pode acompanhar as notícias sem estudar as coisas em detalhes.
- Eu era muito mais curioso quando jovem.
- Tenho pouco tempo para perguntar o motivo de algo.
- Contanto que as coisas funcionem, os detalhes pouco interessam.
- Não há motivos para estudar as coisas quando é possível ter qualquer resposta online.
- Passo um pouco de tempo divagando sobre as coisas.
- Não desejo entender por que as pessoas têm opiniões erradas.
- Meus amigos e eu pensamos igual.

Dê um ponto para cada afirmação com a qual concorda e, então, some os pontos.

0–3: Talvez você esteja vivendo em uma época ou Universo diferente, ou talvez seja uma pessoa excepcionalmente curiosa. Apesar das distrações tecnológicas, você encontra tempo para exercitar seus músculos mentais e alimentar sua mente faminta.

4–6: Você está na média e dentro de uma faixa que pode mudar facilmente para a direção de mais ou menos curiosidade. Como a maioria, você deve ter cuidado para que as ferramentas tecnológicas e outras facilidades digitais não sequestrem seu desejo de aprender.

7–10: Você é o cidadão perfeito da era da IA. Lembre-se de que as máquinas podem ter resposta para qualquer pergunta, mas isso é útil apenas se você realmente consegue fazer perguntas significativas ou relevantes e avalia de forma crítica as respostas que obtém. É hora de liberar sua capacidade de aprender.

Capítulo 8

Como Ser Humano

Rumo a uma era da IA mais humana

Você não pode controlar todos os eventos que acontecem com você, mas pode decidir não ser reduzido por eles.
— **Maya Angelou**

O explorador alemão Alexander von Humboldt escreveu que o objetivo da existência é uma "transformação da mais ampla experiência de vida em sabedoria".[1]

Como este livro tentou destacar, uma autoavaliação honesta da humanidade nesta fase inicial da era da IA sugere que provavelmente estamos longe de aplicar o princípio de von Humboldt. Pelo contrário, seria mais exato dizer que o objetivo de nossa existência atualmente é aumentar a sabedoria das máquinas.

O que quer que você pense sobre a humanidade, isso não está a um clique de distância. Em contrapartida, podemos estar nos afastando dela, um clique por vez, olhando para a tela do celular ou do computador o dia todo, com frequência apenas para ver nosso próprio rosto e, às vezes, para reservar dez segundos de atenção a uma enxurrada de atividades repetitivas, aparentemente sem transformar inúmeras experiências em sabedoria. Já a IA parece estar seguindo os preceitos de von Humboldt melhor que nós. A IA de hoje pode vivenciar a humanidade em todas as suas dimensões: boas, ruins, chatas e inúteis.

Ao longo da história, normalmente o ser humano se absteve de questionar sua própria utilidade, algo um pouco parecido com o peru cancelando o jantar de Ação de Graças. Do mesmo modo, é provável que não sejamos os mais objetivos ao julgar a importância de nossa própria espécie, sobretudo porque não somos nem objetivos, para início de conversa. Se queremos determinar a probabilidade de o homem ser automatizado ou de evoluir como espécie, então o homem pode não ser a fonte mais objetiva de uma resposta. Como observou o dramaturgo William Inge: "É inútil que as ovelhas aprovem resoluções em favor do vegetarianismo enquanto o lobo continua tendo uma opinião diferente."

Ao mesmo tempo, o mundo é o produto do progresso e da invenção do homem. Tudo que criamos, inclusive a IA, é resultado de nossa criatividade, nosso talento e nossa genialidade. Isso acontece mesmo quando muitas de nossas próprias invenções resultam em tornar as pessoas menos úteis. Mais notoriamente, a Revolução Industrial levou a um desemprego tecnológico e sistemático, um tipo de desemprego estrutural comumente atribuído às inovações tecnológicas.[2] Assim, milhões de tecelões se tornaram irrelevantes no sentido produtivo, sem mencionar pobres, quando teares mecanizados foram introduzidos para produzir *mais com menos*, o objetivo universal da tecnologia, e a parte "menos" desse slogan tende a se referir ao ser humano.[3]

A boa notícia é que não existe nenhum sinal óbvio de que isso acontecerá novamente em breve. Como nas revoluções tecnológicas anteriores, a IA está tornando redundantes certas tarefas e criando novas ao mesmo tempo, mantendo o homem bem ocupado, contanto que tenha as habilidades e a motivação para participar das novas atividades que a IA criou (por exemplo, gerentes de loja se tornando supervisores de e-commerce, supervisores de e-commerce se tornando analistas de cibersegurança e analistas de cibersegurança se tornando especialistas em ética da IA). Mas a má notícia é que não importa se podemos continuar ativos ou úteis profissionalmente, a era da IA parece extrair o pior de nós. Ao invés de elevar os padrões psicológicos da humanidade, ela os rebaixou, nos tornando uma versão sem graça, primitiva e perfeita de nós mesmos.

Acho que esta é a maior tragédia da era da IA: enquanto nos preocupamos com a automação das tarefas e do trabalho, conseguimos nos automatizar de algum modo, assim como nossa vida, injetando uma grande dose de monotonia e de padronização sanitizada no que antes era uma vida relativamente interessante e divertida, pelo menos quando vemos do nosso ponto de vista atual. Enquanto ajudamos a IA a fazer seu upgrade, fazemos nosso downgrade continuamente.

Podemos culpar a pandemia da Covid-19 e os lockdowns por essa diluição da criatividade cultural e da imaginação humana, que, em comparação com a tragédia real daqueles que adoeceram ou perderam seus trabalhos ou a vida, seria mais bem descrita como #problemadoprimeiromundo. Talvez uma interpretação mais precisa seja que a pandemia apenas nos lembrou das coisas importantes que perdemos — conexão *real*, em vez da digital, várias experiências e a riqueza de aventuras analógicas —, nos confinando a uma forma de vida que lembra o antecessor híbrido do metaverso. Por sorte, ainda podemos perguntar se há meios melhores de expressar nossa humanidade e buscar um modo de vida mais humano e humanizado na era da IA.

É certo que existem muitos modos de ser humano, e a cultura tem um grande papel ao determinar as diferenças visíveis no comportamento e na atitude entre os grandes grupos de pessoas, inclusive as semelhanças observáveis, as generalizações e os padrões que fazem a *história*, certa vez definida como uma história humana significativa e cativante com "uma bendita coisa após outra".[4] Se você já fez uma viagem internacional, o que na época da escrita deste livro requer muita imaginação, notou essas diferenças assim que desceu em um aeroporto no exterior. O tempo, assim como a cultura e a geografia, são uma influência poderosa nos comportamentos sociais, fornecendo normas e regras básicas que usamos para expressar nossa humanidade. Assim, havia um modo particular de ser humano no Império Romano, na Idade Média, na Renascença, na Revolução Industrial original etc. Dito isso, em *cada* época ou era, ainda há mais *ou* menos modos humanos de expressar nossa humanidade, mesmo que a IA esteja desencadeando algumas de nossas tendências menos desejáveis, e em um nível individual todos temos o poder e a capacidade de resistir a isso.

Em Busca da Felicidade

Os efeitos da desumanização e da esterilização da eficiência tecnológica em nossa vida representam um combustível poderoso para a psicologia positiva, um movimento espiritual destinado a recuperar parte da alegria e da satisfação perdidas do ser humano. A psicologia positiva postula que a essência do ser deve se relacionar a nos transcender, atingir um equilíbrio espiritual e otimizar nossa vida para termos emoções positivas, como bem-estar e alegria. "Ser feliz" é o mantra que define nosso tempo, permeando grande parte do significado e da finalidade que muitas pessoas esperam extrair do trabalho e da vida. Essa proposta agora é tão aceita que parece difícil acreditar que nossa obsessão por felicidade seja um fenômeno bem recente, impulsionado primeiro pela sociedade de consumo: canja de galinha para a alma, melodias edificantes para nossa autoestima.

Embora não tenha nada de errado em buscar a felicidade, uma pesquisa acadêmica há tempos indicou que não somos muito bons nisso, sobretudo quando ficamos obcecados. De um ponto de vista da evolução, faz sentido que a felicidade seja um alvo móvel. Como observou Oscar Wilde: "Neste mundo, há apenas duas tragédias: uma é não satisfazermos nossos desejos, e a outra é satisfazê-los."[5] Na verdade, não é assim para todos. Algumas pessoas são pré-programadas para a felicidade, sendo por isso que traços de personalidade determinados biologicamente, como estabilidade emocional, extroversão e amabilidade (que os psicólogos acadêmicos chamam de "EQ"), são um indicador melhor da felicidade eterna do que eventos ou circunstâncias externas da vida, inclusive ganhar na loteria ou se casar, ou, para alguns, se divorciar.[6] Claro, todos nós somos capazes de sentir felicidade, mas o fato é que há uma enorme variação no grau em que as pessoas precisam, desejam e buscam isso, portanto dizer para alguém ser mais feliz é como dizer para ser mais extrovertido, menos agradável etc. É como pedir para mudar a personalidade.

Por vezes, a felicidade pode se tornar um objetivo muito egoísta ou narcisista, e há evidências de que quanto mais satisfeito você está com sua vida, em especial com suas realizações pessoais, mais narcisista você é.[7] O quanto você fica satisfeito quando se olha no espelho diz mais sobre seu ego do que sobre a pessoa real refletida, em particular suas realizações objetivas. Se é bom ser ótimo, é porque, para começar, você sente que é ótimo.

Deixando o narcisismo de lado, não faltam exemplos do ser humano otimizando sua vida para ter felicidade sem contribuir para nenhuma forma de progresso e obstruindo-o de muitos modos para os outros. Se sua felicidade é a desgraça do outro e sua desgraça é a felicidade do outro, está claro que algo não está funcionando bem. Contrário à crença popular, a insatisfação, a raiva e a infelicidade não são apenas poderosas, mas forças humanas produtivas, portanto não devemos nos medicar em relação a elas. Para toda pílula de felicidade ou droga consumida — inclusive o feedback positivo que extraímos das redes sociais abastecidas pela IA —, uma motivação ou uma ambição em potencial é anestesiada.

Em grande parte do mundo industrializado, a busca por felicidade se tornou uma procura bioquímica, sobretudo nos EUA, que representam 40% do mercado farmacêutico global, com apenas 5% da população mundial.[8] Contudo, se a história é a biografia de grandes pessoas, seus feitos são produto do descontentamento, não de uma mentalidade abençoada. A Declaração da Independência norte-americana menciona "buscar", não chegar à felicidade, e é comum que o indivíduo muito focado na busca da felicidade acabe bem infeliz, mesmo que o processo acabe chegando a coisas valiosas.

Qualquer inovação ou marco na evolução da civilização humana é resultado de pessoas profundamente *in*felizes com o *status quo* e que, precisamente por isso, agiram em seu descontentamento irritado para substituí-los por coisas melhores que as normas, os produtos e as ideias estabelecidos. Os antigos gregos criaram uma das civilizações mais avançadas e sofisticadas na história da humanidade, todavia eles eram "passionais, infelizes e estavam sempre em guerra consigo mesmos".[9]

Também é assim em todas as corporações modernas ambiciosas, como Tesla, Goldman Sachs ou Facebook, que sem dúvidas não podemos ver como as inovações mais óbvias para melhorar o progresso na história do homem. Afinal, na maior parte de nossa evolução, de algum modo conseguimos existir sem contar ao mundo o que nosso cão comeu no café da manhã ou descobrir como eram nossos colegas de escola duas décadas atrás. E, graças a *schadenfreude*, às vezes podemos ficar mais felizes em relação a nós mesmos, pelo menos temporariamente. Porém, para muitas das 2,3 bilhões de pessoas que passam em média 40 minutos de suas vidas diárias no Facebook, a vida seria bem menos divertida sem ele. Mesmo depois de considerar todas as deep fakes, hackers bielorrussos e bots russos, estamos falando em cerca de 40% da raça humana.

Vale ressaltar que, se você reluta em aceitar que esses exemplos indicam muito progresso, então lembre-se de que sua infelicidade é um motivador ou um incentivo muito importante para mudar as coisas. Como declarou Maya Angelou: "Se você não gosta de algo, mude-o." Do mesmo modo, a maioria das inovações revolucionárias em arte, ciências e tecnologia jamais seria produzida se seus criadores estivessem felizes ou simplesmente interessados em se sentir bem ou se divertir, em oposição a trabalhar com dedicação na busca da felicidade do outro e do progresso da coletividade.

A busca da felicidade seria bem mais aceitável se abordássemos isso da perspectiva do *outro*, não do *eu*. Diferentemente do Ocidente individualista, as pessoas nas culturas orientais coletivistas são mais inclinadas a aproveitar a felicidade nos outros do que em si. E se a expressão definitiva de nossa humanidade fosse viver nossa vida tentando fazer os *outros* felizes ou, pelo menos, reduzir a desgraça do outro? E se, como observou Gandhi, "o único modo de nos encontrarmos é nos perdermos no interesse do outro"? Dessa perspectiva, nossa capacidade de contribuir com a felicidade alheia deve ser vista como mais significativa do que nossa felicidade pessoal, e talvez até uma pré-condição para ela.

Humanidade É um Trabalho em Andamento

Para onde irá o ser humano? Não devemos decidir com base em aonde a IA pode nos levar, pois ainda estamos no comando, mesmo que muitas vezes não pareça ser assim. Os carros autônomos ainda não estão aqui e a expectativa é que não devemos esperar humanos autônomos em breve. Contanto que ainda tenhamos alma e a capacidade de ouvi-la, podemos evitar perder, desistir e desaparecer para sempre no esquecimento digital. Somos mais do que um recipiente de emissão de dados e devemos apreciar a capacidade de amar, chorar, cheirar e sorrir, pois ainda são atividades inerentes e exclusivamente humanas. Os amantes de pets podem discordar, mas provavelmente eles estão apenas se projetando, embora seja certo que a IA ainda não é tão esperta ou obediente quanto meu cão.

Mesmo quando a IA e a tecnologia tentam otimizar nossa vida, e nossos *desejos* e *hábitos* são totalmente mediados por 0s e 1s, ainda estamos muito ocupados com as mesmas atividades antigas: aprendemos, falamos, trabalhamos, amamos, odiamos, criamos vínculos e, no meio de tudo isso, alternamos entre uma certeza e uma dose ainda maior de confusão, como tentar entender por que estamos aqui, para início de conversa. Talvez *não* para ter uma curtida ou um retweet?

Em qualquer ponto no tempo e na história, do homem da caverna paleolítico até os influenciadores do Instagram, o homem sempre precisou se dar bem com o outro, ficar à frente do outro, encontrar significado e finalidade nas principais atividades da vida (por exemplo, religião, ciência, hobbies, trabalho ou relações). À medida que podemos utilizar IA ou, de fato, qualquer outra ferramenta inventada para melhorar nossa capacidade de atender a essas atividades — e pressupondo que isso nos torne melhores no processo —, podemos nos sentir otimistas quanto à nossa própria evolução.

Por fim, o pedido mais importante é que o ser humano tente melhorar a si mesmo, ou seja, encontrar um modo melhor de ser humano e melhorar a humanidade se tornando melhor. Como conclui o filósofo Simon Blackburn em sua brilhante e breve introdução da ética, *Being Good*: "Se formos cuidadosos, maduros, criativos, justos, bons e sortudos, o espelho moral no qual nos vemos poderá não mostrar santos. Mas também não precisa nos mostrar monstros."[10] Todos temos o poder de nos tornar nossa melhor versão, mas isso requer não apenas determinação, mas também senso de direção. Se você correr muito rápido na direção errada, acabará longe de onde precisa estar, enganado pela ilusão do progresso e da atividade, e apenas conseguirá ficar perdido mais rapidamente. Como o gato de Lewis Carroll diz para Alice: "Se você não sabe aonde quer ir, qualquer caminho serve."[11]

Podemos fazer o bem, assim como somos capazes de fazer o mal mesmo quando temos níveis moderados de inteligência e de maturidade. Adam Smith, famoso campeão do capitalismo de livre mercado muitas vezes é lembrado no contexto da "mão invisível" que supostamente consegue transformar temas gananciosos e egoístas com fins lucrativos em uma ordem benevolente das coisas. Smith realmente nunca usou esse termo, e o bom entendimento de sua teoria e de suas ideias deve incluir seu reconhecimento da importância fundamental do cuidado, da empatia e das motivações altruístas, ou, como ele observa: "Por mais egoísta que o homem possa ser, é evidente que há princípios em sua natureza que lhe interessam no destino dos outros e tornam sua felicidade necessária para ele, embora não tire nada dela, exceto o prazer de vê-la. É a piedade ou a compaixão, aquela emoção que sentimos pela desgraça dos outros, quando a vemos ou conseguimos senti-la de uma forma muito vívida."[12]

Simplificando, os grupos ficam melhores quando os indivíduos se comportam com altruísmo, porque podem se beneficiar coletivamente dos comportamentos dos outros. O desempenho da equipe só é possível se as pessoas focam menos seus próprios objetivos individuais e mais os objetivos da equipe, e os sacrifícios de uma pessoa são os privilégios do outro. Mas essa dinâmica contraditória não é o estado natural das coisas nos grupos, nas organizações ou nas sociedades. É preciso liderança para articular ou, pelo menos, gerenciar a tensão entre ganância individual e produtividade coletiva. O bem-estar dos grupos e das sociedades não pode existir se seus membros são puramente individualistas e criaturas egoístas. Veja a reciclagem: é bem menos desgastante e demorado evitá-la, mas, se todos agem assim, então o ambiente entra em colapso. Dito isso, alguns indivíduos podem se comportar como sanguessugas ou parasitas, não fazendo a reciclagem, contanto que os outros façam. Ou pagar impostos: quando Donald Trump se gabou de ser inteligente demais para pagar impostos, o que ele pressupôs foi que inúmeras pessoas no país não se importavam tanto quanto era esperado, o que explica por que ele é o candidato à presidência mais votado na história dos EUA (137,2 milhões de votos nas duas eleições).

Enquanto escrevo isto, o mundo testemunha outro ato de ganância improdutiva em torno das desigualdades de vacina, com os países ricos acumulando vacinas de Covid além da necessidade e os países pobres ainda entrando em colapso com o vírus. Japão, Canadá e Austrália têm menos de 1% dos casos de Covid-19 globais, mas garantiram mais vacinas do que a América Latina e o Caribe, que são o domicílio de quase 20% dos casos. Você pode achar que é puramente resultado da meritocracia e da equidade em ação, mas até os países ricos perdem quando os pobres não são vacinados. Assim, não significa apenas que o altruísmo está faltando, mas que a ganância é autodestrutiva.

Mas há um senão: quanto mais gentil e cuidadoso é um grupo ou um sistema, maior o incentivo para não sê-lo. Não só há menos necessidade de sua bondade, porque todos são bons, mas a pessoa também ganha mais sendo um sanguessuga egoísta, engordando com a bondade dos outros, contanto que ela faça parte de uma pequena minoria de sanguessugas. Assim que os sanguessugas superarem os samaritanos, a competição *no* sistema enfraquecerá a capacidade do sistema de competir com os outros grupos.

As formas mais eficientes de comportamento em grupo conseguem encontrar um equilíbrio perfeito na ambição individual e considerar a empatia e a orientação pró-social em relação aos outros. Tais grupos entendem que o sucesso individual não acontece à custa do bem-estar do grupo e o bem-estar do grupo não é possível sem libertar o potencial individual. Assim como Adam Smith tem a injusta reputação de promover um capitalismo implacável e feroz, enquanto, na realidade, ele coloca a bondade e a empatia no centro das sociedades altamente funcionais, Darwin normalmente é declarado como um proponente do darwinismo "cão come cão", quando ele realmente via o altruísmo e a ética como virtudes fundamentais para a sobrevivência adaptativa do grupo e a competitividade: "Embora um alto padrão de moralidade dê uma leve ou nenhuma vantagem a cada indivíduo e a seus filhos sobre os outros da mesma tribo... um avanço no padrão da moralidade certamente dará uma imensa vantagem a uma tribo sobre a outra."[13]

No início da IA, nossa principal preocupação era que a rede social e o egocentrismo digital excessivo nos tornassem egoístas e antissociais, o que, como mostrado neste livro, os estudos agora corroboram. Mas com certeza é cedo demais para concluir que a era da IA causa mudanças culturais sistemáticas no egoísmo. Se a gentileza fosse uma reação-padrão dada, então não passaríamos tanto tempo lamentado não termos o suficiente dela ou encorajando que mais pessoas sejam gentis. Além disso, algumas pessoas são mais gentis que outras e algumas culturas são mais gentis que outras. A questão básica é que as sociedades mais gentis são melhores, pelo menos quando se otimiza para a maioria das pessoas, não para quem está no topo, em especial quando não é a gentileza que ajuda as pessoas a chegarem lá. Nisso reside o problema: quando tentamos tornar o mundo gentil, pessoas maldosas podem se aproveitar das outras e subir na hierarquia com uma pura exploração da bondade das pessoas. E, quando tentamos tornar o mundo maldoso, lamentamos a falta de gentileza enquanto a maldade mais brutal melhora de vida com uma toxicidade parasitária.

Então, como podemos cultivar a bondade moral? Não conseguimos nem ter pessoas suficientes para reciclar ou cuidar genuinamente do planeta, o que, aliás, leva à própria destruição. A IA poderia ajudar? O Google passou os dez primeiros anos de sua existência lembrando a si mesmo (e a nós) de que ele não deve ser mal e uma grande parte dos dez anos seguintes resolvendo ações judiciais, limpando sua reputação e demitindo seus pesquisadores de ética da IA.[14] Hoje, pelo menos, preocupar-se com as possíveis consequências dos sistemas autônomos de IA capazes de adquirir motivações imorais ou antiéticas parece a desculpa perfeita para não questionar nossos próprios padrões morais.

Na busca por melhorar ou nos tornar uma versão melhor de nós mesmos, devemos exigir que a IA tenha um papel maior e mais impactante do que aquele que desempenhou até agora. Se pudermos usar a tecnologia para aumentar a autoconsciência, nos fornecer uma autocompreensão melhor, inclusive das coisas que podemos não gostar tanto em nós mesmos, e destacar a lacuna entre a pessoa que somos e aquela que gostaríamos de ser, então haverá uma clara oportunidade de transformar a IA em uma ferramenta de desenvolvimento pessoal e de parceria. O importante é que nem precisamos que a IA faça grandes avanços para tanto. É possível, viável e simples lidar com isso hoje.

Não existe uma definição universal de progresso, em particular no nível humano individual. Alguém pode querer correr uma maratona, outro pode querer escrever um romance, e um terceiro pode querer construir um império. Há muitos modos diferentes de conceitualizar o sucesso, e cada abordagem ou interpretação foi encapsulada em um modelo psicológico ou outro, sobretudo as taxonomias dos valores humanos, que podem agrupá-las em diferentes áreas, como status, liberdade, alegria, segurança etc. Mas uma coisa parece clara: a mudança sempre faz parte da equação. Você não melhora ficando igual ou mantendo as coisas como elas são.

Mesmo para aqueles, como você e eu, privilegiados por pertencer à parte instruída do mercado de trabalho, conhecidos como especialistas, que são menos ameaçados pela automação do trabalho e que muito provavelmente desfrutam dos benefícios das melhores condições de trabalho e de sua evolução, nossa experiência diária do trabalho não parece muito diferente daquela de um operário alienado ou das pessoas na Revolução Industrial. Objetivamente falando, estamos melhores, mas subjetivamente e em face a expectativas crescentes e irreais, a pressão para satisfazer nossos sonhos com nossas experiências de trabalho reais pode ser grande parte de uma carga psicológica ou espiritual. Não é de admirar que a maioria das pessoas esteja desapontada, desengajada e procurando outro trabalho, carreira ou vida.

Precisamos de mais experiências mágicas, e elas não acontecerão online. Embora possamos não perceber, abordando as táticas de incentivo astutas das Big Techs, há uma diferença entre otimizar nossa vida e otimizar o desempenho dos algoritmos. Também há uma diferença entre facilitar nossa vida e tornar o mundo um lugar melhor. De modo bem contraditório, nossa habilidade de aumentar as eficiências da vida, o que hoje é largamente conseguido com a otimização algorítmica, pode estar acabando com a exata motivação para implantar nossa criatividade humana e mudar o mundo para melhor. Quanto mais satisfeitos ficamos com as conveniências e as eficiências do dia a dia, menos provável se torna que façamos mudanças radicais e inovações no mundo.

Nossa Oportunidade para Melhorar a Humanidade

Nossa oportunidade é clara: utilizar a IA para melhorar nossa humanidade, não piorá-la nem diluí-la. Temos uma grande oportunidade para evoluir como espécie se podemos capitalizar na revolução da IA e fazer mais trabalho significativo, liberar nosso potencial, impulsionar a compreensão de nós mesmos e dos outros e criar um mundo menos tendencioso, mais racional e significativo. Mas há um problema:

só conseguiremos isso se pudermos primeiro reconhecer os possíveis riscos de que a IA aumenta nossas tendências menos desejáveis, mais destrutivas e improdutivas. Temos de usar a IA para liberar ou aproveitar nosso potencial, em vez de minar ou limitar nossa própria experiência. Muito claramente, há lições importantes do aumento da IA sobre como as diferentes dimensões de nossa humanidade não estão sendo apenas expressas e expostas, mas também remodeladas.

Quais grandes expressões de nossa humanidade a IA despertará ou extrairá? No fim, a IA nos ajudará ou prejudicará? Ela conferirá uma vantagem econômica, social e cultural importante às sociedades que aprendem a dominá-la? Embora não saibamos como a IA finalmente nos mudará, podemos supor que certas mudanças já ocorreram — algumas boas, outras ruins e, talvez, a maioria indetectável. Como observou a autora Margaret Visser: "A medida com a qual tomamos os objetos do cotidiano como certos é a medida exata com a qual eles controlam e informam nossa vida."[15]

Certa vez o historiador Melvin Kranzberg observou que a tecnologia não é boa, não é ruim nem é neutra. De fato, o único modo de a tecnologia *não* afetar nossa humanidade é não usá-la, o que é exatamente o oposto de onde estamos hoje.[16] Também foi dito que o ser humano tem a tendência de superestimar o impacto de curto prazo da tecnologia, mas subestimar o de longo prazo.[17]

Nossos filhos e netos provavelmente aprenderão sobre nosso jeito de ser pré-digital com histórias acessíveis no YouTube ou em seu equivalente no futuro. Como nas civilizações pré-sumérias, em que lendas e histórias eram passadas oralmente de geração em geração com músicas e jogos, eles saberão de nossas aventuras em uma web de conexão discada e quase deserta, cheia de visuais digitais primitivos, sem a onipresença do Zoom, filtros engraçadinhos e deep fakes, onde ninguém sabia quem nós éramos.

A humanidade é um trabalho em andamento. Isso pode ser bom. A alternativa significaria que já atingimos o ápice de nossa evolução. Por sorte, ainda não estamos no topo, e há claros sinais de que a raça humana ainda está se desenvolvendo e, sim, melhorando.[18] Não é sobre colonizar Marte, construir carros autônomos, dominar a computação quântica nem imprimir a esposa perfeita em 4D, mas fazer um upgrade em *nós mesmos*: criar uma versão nossa mais adaptável, melhorada e pronta para o futuro.

Você é a única pessoa no mundo com a garantia de influenciar, embora nem sempre seja fácil. Mesmo quando os outros conseguem influenciá-lo, é só porque você permite. Do mesmo modo, quando você consegue influenciar os outros, é porque primeiro consegue influenciar seu próprio comportamento. O desejo pode ser excessivamente otimista e inocente, pelo menos se aceitamos o fato histórico de que o ser humano em geral teve pouquíssimo incentivo para desafiar seus antecessores com bases evolucionárias, que dirá morais. E mais, se criamos condições que incentivam as pessoas a subirem o nível, buscando oportunidades para aumentar seu potencial, então podemos ver a civilização humana fazer progresso, de baixo para cima, de modo orgânico e incremental.

Talvez no futuro tenhamos o prazer de escapar da rede de previsões das máquinas e encontrar momentos encantadores de acaso simbolizando que nossa criatividade, nossa genialidade e nossa imaginação ainda estão intactas. Podemos nos encontrar nos mágicos espaços em branco que inventamos e produzimos, longe do alcance dos algoritmos, expandindo nossa existência para a capacidade quase esquecida da surpresa ou, pelo menos, da surpresa da própria pessoa. Uma existência na qual enganamos deliberadamente a IA para escapar da sintaxe chata e repetitiva de nossa existência, rescrevendo a gramática da vida segundo sentimentos, ideias e atos com pouco interesse e valor para as máquinas, mas profundamente relevantes para nós. Uma vida na qual as máquinas não diminuam nossa inteligência e a IA não nos transforme em máquinas.

Podemos recuperar parte da rica variedade de experiências humanas e redescobrir o equilíbrio entre uma existência um pouco algorítmica e eficiente por um lado, e uma experiência de vida divertida, imprevisível e mágica por outro. Não devemos ser a última geração a existir fora da matriz, nem a primeira a ter a alma engolida pelo aprendizado de máquina. Ao contrário, devemos tentar florescer. Podemos permitir que as máquinas continuem aprendendo, sem deixar de aprender nós mesmos. Podemos superar a IA simplesmente não diluindo nossas próprias capacidades intelectuais ou terceirizando nossa vida para os algoritmos do computador.

Não há motivos para automatizar nenhuma parte de nossa vida, nem nossa existência por inteiro, a menos que tenhamos um plano para reinvestir essa liberdade e, com ela, nossas capacidades de praticar atividades valiosas. Temos o poder de ser os principais beneficiários da IA e de qualquer outra tecnologia que inventamos e implantamos, em oposição a nos tornar seu produto. Vamos torcer para que também possamos encontrar a vontade.

Embora a solução para nossos problemas esteja longe, e não seja simples, com certeza ela terá que incorporar uma combinação de gentileza, sabedoria e criatividade. Como observa Noam Chomsky:

> Somos seres humanos, não automações. Você trabalha no seu emprego, mas não para de ser uma pessoa. Ser uma pessoa significa se beneficiar das tradições culturais ricas, não só de suas próprias tradições, mas de muitas outras, e se tornar não apenas habilidoso, mas sábio. Uma pessoa pode pensar — pensar com criatividade, pensar com independência, explorar, questionar — e contribuir com a sociedade. Se você não tem isso, pode muito bem ser substituído por um robô. Acho que isso não pode ser simplesmente ignorado se queremos ter uma sociedade na qual vale a pena viver.[19]

O futuro começa hoje. O trabalho começa agora.

Notas

Introdução

1. Cami Rosso, "20 Great Quotes on Artificial Intelligence", *Psychology Today*, 18 de maio de 2018, https://www.psychologytoday.com/us/blog/the-future-brain/201805/20-great-quotes-artificial-intelligence.

2. T. Chamorro-Premuzic e R. Akhtar, "Should Companies Use AI to Assess Job Candidates?", *Harvard Business Review*, maio de 2019, https://hbr.org/2019/05/should-companies-use-ai-to-assess-job-candidates.

3. F. Leutner, R. Akhtar e T. Chamorro-Premuzic, *The Future of Recruitment: Using the new science of talent analytics to get your hiring right* (Bingley, UK: Emerald Group Publishing, 2022); A. Remonda, E. Veas e G. Luzhnica, "Comparing Driving Behavior of Humans and Autonomous Driving in a Professional Racing Simulator", *PLoS One* 16 (2021); A. S. Ahuja, "The Impact of Artificial Intelligence in Medicine on the Future Role of the Physician", *PeerJ* 7 (2019); N. Dhieb *et all.*, "A Secure AI-Driven Architecture for Automated Insurance Systems: Fraud detection and risk measurement", *IEEE Access* 8 (2020): 58546–58558.

4. D. Markovits, *The Meritocracy Trap* (Nova York: Penguin Books, 2019).

5. M. Appel, C. Marker e T. Gnambs, "Are Social Media Ruining Our Lives? A review of meta-analytic evidence", *Review of General Psychology* 24 (2020): 60–74.

Capítulo 1

1. Tomas Chamorro-Premuzic, "Selfie Sticks Should Be Banned for Massaging Our Self-Obsession", *Guardian*, 27 de agosto de 2015, https://www.theguardian.com/media-network/2015/aug/27/selfie-stick-self-obsession-narcissism-technology.

2. W. Durant e A. Durant, *The Lessons of History* (Nova York: Simon & Schuster, 2010).

3. M. Kruppa, "Venture Capitalists Seek Big Returns with NFTs", *Financial Times*, 13 de maio de 2022.

4. W. Saletan, "Why Won't They Listen?", *New York Times*, 3 de março de 2021, https://www.nytimes.com/2012/03/25/books/review/the-righteous-mind-byjonathan-haidt.html.

5. M. J. Guitton, "Cybersecurity, Social Engineering, Artificial Intelligence, Technological Addictions: Societal challenges for the coming decade", *Computers in Human Behavior* 107 (2020): 106–307.

6. Statista, "Daily Social Media Usage Worldwide", 21 de junho de 2022, https://www.statista.com/statistics/433871/daily-social-media-usage-worldwide/.

7. C. Shoard, "Back to the Future Day: What part II got right and wrong about 2015–an A-Z", *Guardian*, 2 de janeiro de 2015, https://www.theguardian.com/film/filmblog/2015/jan/02/what-back-to-the-future-part-ii-got-right-and-wrong-about2015-an-a-z.

8. M. Chafkin, *The Contrarian: Peter Thiel and Silicon Valley's pursuit of power* (Nova York: Penguin Press, 2021).

9. R. Giphart e M. van Vugt, *Mismatch: How our stone age brain deceives us every day (and what we can do about it)* (Londres: Robinson, 2018).

10. R. Hogan e T. Chamorro-Premuzic, "Personality and Career Success", em *APA Handbook of Personality and Social Psychology*, vol. 4 (Washington, D.C.: American Psychological Association, 2014), 619–638, doi:10.1037/14343-028.

11. S. C. Matz, R. Appel e K. Kosinski, "Privacy in the Age of Psychological Targeting", *Current Opinion in Psychology* 31 (2020): 116–121.

12. D. T. Wegener e R. E. Petty, "The Naive Scientist Revisited: Naive theories and social judgment", *Social Cognitive and Affective Neuroscience* 16 (1998) 1–7.

13. T. Chamorro-Premuzic, "Humans Have the Power to Remain Socially and Emotionally Connected Even in Extreme Physical

Isolation", *Forbes*, 20 de março de 2020, https://www.forbes.com/sites/tomaspremuzic/2020/03/20/even-in-physicalisolation-we-will-remain-socially-and-emotionally-connected/?sh=68ec879b458a.

14. T. Chamorro-Premuzic, "Thriving in the Age of Hybrid Work", *Harvard Business Review*, janeiro de 2021, https://hbr.org/2021/01/thriving-in-the-age-ofhybrid-work.

15. C. Hanson, "SXSW 2021: Looking through the lens of commerce", OMD, 29 de março de 2021, https://www.omd.com/thoughts/sxsw-2021-lookingthroughthe-lens-of-commerce/.

16. Y. N. Harari, *21 Lições para o Século XXI* (Companhia das Letras).

17. V. Kazuo Ishiguro e Venki Ramakrishnan, "Imagining a New Humanity", *Financial Times*, 25 de maio de 2021.

18. *Ibidem*.

19. *Ibidem*.

20. *Ibidem*.

21. M. Kosinski, D. Stillwell e T. Graepel, "Private Traits and Attributes Are Predictable from Digital Records of Human Behavior", *Proceedings of the National Academy of Science* 110 (2013): 5802-5805.

22. J. Vincent, "Twitter Is Bringing Its 'Read Before You Retweet' Prompt to All Users", *Verge*, 25 de setembro de 2020, https://www.theverge.com/2020/9/25/21455635/twitter-read-before-you-tweet-article-prompt-rolling-out-globally-soon.

23. *Ibidem*.

24. P. Olson, "Facebook Closes $19 Billion WhatsApp Deal", *Forbes*, 6 de outubro de 2014, https://www.forbes.com/sites/parmyolson/2014/10/06/facebook=-closes19-billion-whatsapp-deal/?sh-737c1efe5c66; A. L. Deutsch, "WhatsApp: The best Meta purchase ever?", Investopedia, 29 de março de 2022, https://www.investopedia.com/articles/investing/032515/whatsapp-best-facebook-purchase-ever.asp.

25. "Fixing Economic Inequality: Lawrence Summers", Rotman School of Management, vídeo no YouTube, 7 de abril de 2015, https://www.youtube.com/watch?v=wXMEoS7OsO0.

26. G. Deyan, "How Much Time Do People Spend on Social Media in 2022?", *techjury* (blog) 2 de junho de 2022, https://techjury.net/blog/time-spent-onsocial-media/#gref.

27. Y. Bikker, "How Netflix Uses Big Data to Build Mountains of Money", Medium, 2020, https://medium.com/swlh/how-netflix-uses-big-data-to-buildmountains-of-money-829364caefa7; B. Marr, "The Amazing Ways Spotify Uses Big Data, AI and Machine Learning to Drive Business Success", *Forbes*, 30 de outubro de 2017, https://www.forbes.com/sites/bernardmarr/2017/10/30/the-amazing-ways-spotify-uses-big-data-ai-and-machine-learning-to-drive-businesssuccess/?sh=7bb1ce464bd2.

28. "Rethinking How We Value Data", *Economist*, 27 de fevereiro de 2020, https://www.economist.com/finance-and-economics/2020/02/27/rethinking-how-wevalue-data.

29. O. Staley, "Tech Stocks Powered the S&P 500 Index to a Monster Performance in 2021", Quartz, 29 de outubro de 2021, https://qz.com/2108056/appleamazon-microsoft-and-alphabet-drove-the-sp-500-in-2021/; SaaS Capital, "2021 Private SaaS Company Valuations", 2021, https://www.saas-capital.com/blog-posts/2021-private-saas-company-valuations/.

30. A. Agrawal, J. Gans e A. Goldfarb, *Prediction Machines: The simple economics of artificial intelligence* (Boston: Harvard Business Review Press, 2018).

31. PricewaterhouseCoopers, "Sizing the Prize: What's the real value of AI for your business and how can you capitalize?", PwC, 2021, https://www.pwc.com/gx/en/issues/data-and-analytics/publications/artificial-intelligence-study.html#:~:text=AI could contribute up to, come from consumption-side effects.

32. M. Graham e J. Elias, "How Google's $150 Billion Advertising Business Works", CNBC, 18 de maio de 2021, https://www.cnbc.com/2021/05/18/how-doesgoogle-make-money-advertising-business-breakdown-.html.

33. M. Johnston, "How Facebook (Meta) Makes Money: Advertising, payments, and other fees", Investopedia, 17 de julho de 2022, https://www.investopedia.com/ask/answers/120114/how-does-facebook-fb-make-money.asp.

34. G. Kuhn, "How Target Used Data Analytics to Predict Pregnancies", Drive Research, 16 de julho de 2020, https://www.driveresearch.com/market-research-companyblog/how-target-used-data-analytics-to--predict-pregnancies/.

35. J. Naughton, "'The Goal Is to Automate Us': Welcome to the age of surveillance capitalism", *Guardian*, 20 de janeiro de 2019, https://www.theguardian.com/technology/2019/jan/20/shoshana-zuboff-age-of-surveillance-capitalism-google-facebook.

36. C. Campbell, "How China Is Using Big Data to Create a Social Credit Score", *Time*, 2019, https://time.com/collection/davos-2019/5502592/china-social-credit-score/.

37. Mozilla Foundation, "Match.com—Privacy & Security Guide", 15 de março de 2021, https://foundation.mozilla.org/en/privacynotincluded/matchcom/.

38. S. Zuboff, *The Age of Surveillance Capitalism: The fight for a human future at the new frontier of power* (Nova York: PublicAffairs, 2019).

39. A. Levy, "Tech's Top Seven Companies added $3.4 Trillion in Value in 2020", CNBC, 31 de dezembro de 2020, https://www.cnbc.com/2020/12/31/techs-topseven-companies-added-3point4-trillion--in-value-in-2020.html

40. *Fortune*, *Fortune* Global 500: Amazon, 2021, https://fortune.com/company/amazon-com/global500/.

41. F. Ali, "How Ecommerce and Small Businesses Were Affected by COVID-19", Digital Commerce 360, 19 de fevereiro de 2021, https://www.digitalcommerce360.com/2021/02/19/ecommerce-during-coronavirus-pandemic-in-charts/.

42. *Economist*, "Who Owns the Web's Data?", *Economist*, 22 de outubro de 2020, https://www.economist.com/business/2020/10/22/who-owns-the-webs-data.

43. *Wall Street Journal*, "Five Tech Giants Just Keep Growing", 1º de maio de 2021, https://www.wsj.com/articles/five-tech-giants-just-keep-growing-11619841644; D. Rabouin, "Big Tech's Share of the S&P 500 Reached Record Level in August", Axios, 28 de setembro de 2020, https://www.axios.com/2020/09/28/big-techs-share-of-the-sp-500-reached-record-level-in-august.

44. *Wall Street Journal*, "Five Tech Giants Just Keep Growing".

45. A. Munro, "State of Nature (Political Theory)", *Enciclopédia Britânica*, 2020, https://www.britannica.com/topic/state-of-nature-political-theory.

46. T. W. Hsu et all., "Social Media Users Produce More Affect That Supports Cultural Values, But Are More Influenced by Affect That Violates Cultural Values", *Journal of Personality and Social Psychology* 121 (2021): 969-983.

47. S. Pulman e Frank Rose, "The Art of Immersion: How the Digital Generation Is Remaking Hollywood, Madison Avenue, and the Way We Tell Stories", *International Journal of Advertising* 30 (2011): 151-153.

48. G. Miller, *The Mating Mind: How sexual choice shaped the evolution of human nature* (Nova York: Vintage, 2001).

49. W. Durant e A. Durant, *The Lessons of History* (Nova York: Simon & Schuster, 2010).

50. R. Giphart e M. van Vugt, *Mismatch*.

51. J. R. Speakman, "Evolutionary Perspectives on the Obesity Epidemic: Adaptive, maladaptive, and neutral viewpoints", *Annual Review of Nutrition* 33 (2013): 289-317.

52. C. Burke, "Distracted in the Office? Blame Evolution", *Guardian*, 1º de março de 2016, https://www.theguardian.com/careers/2016/mar/01/distracted-office-blameevolution-workspace-design-focus.

Capítulo 2

1. H. A. Simon, "Designing Organizations for an Information-Rich World", em *Computers, Communication, and the Public Interest*, Martin Greenberger, ed. (Baltimore: Johns Hopkins University Press, 1971), 37-72.

2. N. Pope, "The Economics of Attention: Style and substance in the age of information", *Technology and Culture* 48 (2007): 673-675.

3. Nishat Kazi, "The Identity Crisis of Libraries in the Attention Economy", *Library Philosophy and Practice* (2012) 684.

4. S. Giraldo-Luque, P. N. A. Afanador e C. Fernández-Rovira, "The Struggle for Human Attention: Between the abuse of social media and digital wellbeing", *Healthcare* 8 (2020): 497.

5. S. Kemp, "Digital 2022: Time spent using connected tech continues to rise", DataReportal, 2022, https://datareportal.com/reports/digital-2022-time-spentwith-connected-tech.

6. N. Slatt, "Apple Now Sells More Watches Than the Entire Swiss Watch Industry", *Verge*, 5 de fevereiro de 2020, https://www.theverge.com/2020/2/5/21125565/apple-watchsales-2019-swiss-watch-market-estimates-outsold; *Economist*, "How a New Age of Surveillance Is Changing Work", *Economist*, 13 de maio de 2022, https://www.economist.com/leaders/2022/05/13/how-a-new-age-of-surveillance-is--changing-work.

7. P. Lewis, "'Our Minds Can Be Hijacked': The tech insiders who fear a smartphone dystopia", *Guardian*, 5 de outubro de 2017, https://www.theguardian.com/technology/2017/oct/05/smartphone-addiction-silicon-valley-dystopia.

8. J. Hari, *Stolen Focus: Why you can't pay attention — and how to think deeply again* (Nova York: Crown, 2022).

9. N. G. Carr, *The Shallows: What the internet is doing to our brains* (Nova York: W. W. Norton & Company, 2010).

10. N. Carr, "Author Nicholas Carr: The web shatters focus, rewires brains", *Wired*, 24 de maio de 2010, https://www.wired.com/2010/05/ff-nicholas-carr/.

11. R. Kay, D. Benzimra e J. Li, "Exploring Factors That Influence Technology-Based Distractions in Bring Your Own Device Classrooms", *Journal of Educational Computing Research* 55 (2017): 974–995.

12. B. A. Barton *et all.*, "The Effects of Social Media Usage on Attention, Motivation, and Academic Performance", *Active Learning in Higher Education* 22 (2021): 11–22.

13. S. Feng *et all.*, "The Internet and Facebook Usage on Academic Distraction of College Students", *Computers and Education* 134 (2019): 41–49.

14. S. Giraldo-Luque, P. N. A. Afanador e C. Fernández-Rovira, "The Struggle for Human Attention".

15. L. Miarmi e K. G. DeBono, "The Impact of Distractions on Heuristic Processing: Internet advertisements and stereotype use", *Journal of Applied Social Psychology* 37 (2007): 539-548.

16. J. Carpenter *et all.*, "The Impact of Actively Open-Minded Thinking on Social Media Communication", *Judgment and Decision Making* 13 (2018): 562-574.

17. S. Brooks, P. Longstreet e C. Califf, "Social Media Induced Technostress and Its Impact on Internet Addiction: A distraction-conflict theory perspective", *AIS Transcripts on Human-Computer Interaction* 9 (2017): 99-122.

18. T. Mahalingham, J. Howell e P. J. F. Clarke, "Attention Control Moderates the Relationship between Social Media Use and Psychological Distress", *Journal of Affective Disorders* 297 (2022): 536-541.

19. S. Kautiainen *et all.*, "Use of Information and Communication Technology and Prevalence of Overweight and Obesity among Adolescents", *International Journal of Obesity* 29 (2005): 925-933.

20. S. Anderson, "In Defense of Distraction", *New York Magazine*, 15 de maio de 2009, https://nymag.com/news/features/56793/index1.html.

21. L. Stone, "Category Archives: continuous partial attention", Linda Stone (blog) 19 de janeiro de 2014, https://lindastone.net/category/attention/continuous-partial-attention/.

22. I. Koch *et all.*, "Switching in the Cocktail Party: Exploring intentional control of auditory selective attention", *Journal of Experimental Psychology: Human Perception and Performance* 37 (2011): 1140-1147.

23. Y. Jeong, H. Jung e J. Lee, "Cyberslacking or Smart Work: Smartphone usage log-analysis focused on app-switching behavior in work and leisure conditions", *International Journal of Human — Computer Interaction* 36 (2020): 15-30.

24. *Economist*, "Are Digital Distractions Harming Labour Productivity?", *Economist*, 7 de dezembro de 2017, https://www.economist.com/

finance-andeconomics/2017/12/07/are-digital-distractions-harming-
-labour-productivity.

25. *Economist*, "Are Digital Distractions Harming Labour Productivity?"; B. Solis, "Our Digital Malaise: Distraction is costing us more than we think", *LSE Business Review* (blog) 19 de abril de 2019, https://blogs.lse.ac.uk/businessreview/2019/04/19/ourdigital-malaise-distraction-is-costing-us-more-than-we-think/.

26. Information Overload Research Group, acessado em setembro de 2022, https://iorgforum.org/.

27. P. Juneja, "The Economic Effects of Digital Distractions", Management Study Guide, n.d., https://www.managementstudyguide.com/economic-effects-ofdigital-distractions.htm.

28. P. Bialowolski *et all.*, "Ill Health and Distraction at Work: Costs and drivers for productivity loss", *PLoS One* 15 (2020): e0230562.

29. B. A. Barton *et all.*, "The Effects of Social Media Usage on Attention, Motivation, and Academic Performance."

30. *Economist*, "Are Digital Distractions Harming Labour Productivity?"

31. Y. Jeong, H. Jung e J. Lee, "Cyberslacking or Smart Work"; A. Tandon *et all.*, "Cyberloafing and Cyberslacking in the Workplace: Systematic literature review of past achievements and future promises", *pesquisa na internet* 32 (2022): 55–89.

32. Avery Hartmans, "Major US Tech Firms Keep Pushing Back Their Return-to-Office deadlines. Maybe It's Time to Admit Defeat", *Business Insider*, 12 de dezembro de 2021, https://www.businessinsider.com/mandatory-return-to-office-why-2021-12.

33. J. Goldman, "6 Apps to Stop Your Smartphone Addiction", *Inc.*, 21 de outubro de 2015, https://www.inc.com/jeremy-goldman/6-apps-to-stop-your-smartphoneaddiction.html.

34. B. Dean, "Netflix Subscriber and Growth Statistics: How many people watch Netflix in 2022?", Backlinko, 27 de outubro de 2021, https://backlinko.com/netflix-users.

35. A. Steele, "Apple, Spotify and the New Battle over Who Wins Podcasting", *Wall Street Journal*, 23 de abril de 2021, https://www.

wsj.com/articles/apple-spotifyand-the-new-battle-over-who-wins-podcasting-11619170206?mod=article_inline.

36. A. Alter, "Why Our Screens Make Us Less Happy", TED Talk, 2017, https://www.ted.com/talks/adam_alter_why_our_screens_make_us_less_ happy#t-189373.

37. A. K. Pace, "Coming Full Circle: Digital distraction", *Computer Library* 23 (2003): 50–51.

38. R. Hogan e T. Chamorro-Premuzic, "Personality and the Laws of History", em *Wiley-Blackwell Handbook of Individual Differences* (Hoboken, NJ: Wiley-Blackwell, 2011), 491–511, doi:10.1002/978144343120.ch18.

39. G. J. Robson, "The Threat of Comprehensive Overstimulation in Modern Societies", *Ethics and Information Technology* 19 (2017): 69–80.

40. R. H. Fazio e M. P. Zanna, "Direct Experience and Attitude-Behavior Consistency", *Advances in Experimental Social Psychology* 14 (1981): 161–202.

41. J. Fuhrman, "The Hidden Dangers of Fast and Processed Food", *American Journal of Lifestyle Medicine* 12 (2018): 375–381.

Capítulo 3

1. A. C. Edmonson e T. Chamorro-Premuzic, "Today's Leaders Need Vulnerability, Not Bravado", hbr.org, 19 de outubro de 2020, https://hbr.org/2020/10/ todays-leaders-need-vulnerability-not-bravado.

2. C. Sindermann, J. D. Elhai e C. Montag, "Predicting Tendencies Towards the Disordered Use of Facebook's Social Media Platforms: On the role of personality, impulsivity, and social anxiety", *Psychiatry Research* 285 (2020); J. Anderer, "Hurry Up! Modern patience thresholds lower than ever before", SurveyFinds, 3 de setembro de 2019, https://www.studyfinds.org/hurry-up-modern-patiencethresholds--lower-than-ever-before-survey-finds/.

3. T. S. van Endert e P. N. C. Mohr, "Likes and Impulsivity: Investigating the relationship between actual smartphone use and delay discounting", *PLoS One* 15 (2020): e0241383.

4. H. Cash *et all.*, "Internet Addiction: A brief summary of research and practice", *Current Psychiatry Reviews* 8 (2012): 292–298.

5. A. Shashkevich, "Meeting Online Has Become the Most Popular way U.S. Couples Connect, Stanford Sociologist Finds", *Stanford News*, 21 de agosto de 2019, https://news.stanford.edu/2019/08/21/online-dating-popular-way-u-scouples-meet/.

6. Tinder, "About Tinder", 2022, https://tinder.com/en-GB/about-tinder.

7. E. Charlton, "What Is the Gig Economy and What's the Deal for Gig Workers?", World Economic Forum, 26 de maio de 2021, https://www.weforum.org/agenda/2021/05/what-gig-economy-workers/.

8. S. Manchiraju, A. Sadachar e J. L. Ridgway, "The Compulsive Online Shopping Scale (COSS): Development and validation using panel data", *International Journal of Mental Health and Addiction* 15, (2017): 209–223.

9. Manchiraju, Sadachar e Ridgway, "The Compulsive Online Shopping Scale (COSS)".

10. D. Boffey, "Abolish Internet Shopping in Belgium, Says Leader of Party in Coalition", *Guardian*, 11 de fevereiro de 2022, https://www.theguardian.com/world/2022/feb/11/abolish-internet-shopping-belgium-says-paul-magnettesocialist-leader-coalition.

11. B. Pietrykowski, "You Are What You Eat: The social economy of the slow food movement", *Review of Social Economy* 62, nº 3 (setembro de 2004): 307–321, https://doi.org/10.1080/0034676042000253927.

12. Haoran, "TikTok: Using AI to take over the world", Digital Innovation and Transformation, HBS Digital Initiative, 19 de abril de 2020, https://digital.hbs.edu/platform-digit/submission/tik-tok-using-ai-to-take-over-the-world/.

13. M. Rangaiah, "What Is TikTok and How Is AI Making It Tick?", *Analytic Steps* (blog) 16 de janeiro de 2020 https://www.analyticssteps.com/blogs/how-artificialintelligence-ai-making-tiktok-tick.

14. *Wall Street Journal*, "Inside TikTok's Algorithm: A WSJ video investigation", 21 de julho de 2021, https://www.wsj.com/articles/tiktok-algorithm-video-investigation-11626877477.

15. J. S. B. T. Evans, "In Two Minds: Dual-process accounts of reasoning", *Trends in Cognitive Science* 7 (2003): 454–459.

16. J. Ludwig, F. K. Ahrens e A. Achtziger, "Errors, Fast and Slow: An analysis of response times in probability judgments", *Thinking & Reasoning* 26 (2020), doi:10.1080/13546783.2020.1781691.

17. D. Choi *et all.*, "Rumor Propagation Is Amplified by Echo Chambers in Social Media", *Scientific Reports* 10 (2020).

18. S. W. C. Nikkelen *et all.*, "Media Use and ADHD-Related Behaviors in Children and Adolescents: A meta-analysis", *Developmental Psychology Journal* 50 (2014): 2228–2241.

19. B. Sparrow, J. Liu e D. M. Wegner, "Google Effects on Memory: Cognitive consequences of having information at our fingertips", *Science* 333 (2011): 776–778.

20. R. B. Kaiser e D. V. Overfield, "Strengths, Strengths Overused, and Lopsided Leadership", *Consulting Psychology Journal* 63 (2011): 89–109.

21. R. Hogan e T. Chamorro-Premuzic, "Personality and the Laws of History", *Wiley-Blackwell Handbook of Individual Differences* (Hoboken, NJ: Wiley-Blackwell, 2011), 491–511, doi:10.1002/9781444343120.ch18.

22. J. Polivy e C. Peter Herman, "If at First You Don't Succeed: False hopes of self-change", *American Psychologist Journal* 57 (2002): 677–689.

23. R. Boat e S. B. Cooper, "Self-Control and Exercise: A review of the bidirectional relationship", *Brain Plasticity* 5 (2019): 97–104.

24. R. F. Baumeister e J. Tierney, *Willpower: Rediscovering our greatest strength* (Nova York: Penguin Books, 2011).

25. C. L. Guarana *et all.*, "Sleep and Self-Control: A systematic review and metaanalysis", *Sleep Medicine Reviews* 59 (2021): 101514.

26. A. J. Sultan, J. Joireman e D. E. Sprott, "Building Consumer Self-Control: The effect of self-control exercises on impulse buying urges", *Marketing Letters* 23 (2012): 61–72.

27. R. Boat e S. B. Cooper, "Self-Control and Exercise".

Capítulo 4

1. D. Ariely, *Predictably Irrational: The hidden forces that shape our decisions* (Nova York: Harper, 2008).

2. L. F. Barrett, *Seven and a Half Lessons about the Brain* (Nova York: Mariner Books, 2020).

3. D. Ariely, *Predictably Irrational*.

4. E. Pronin, D. Y. Lin e L. Ross, "The Bias Blind Spot: Perceptions of bias in self versus others", *Personal and Social Psychology Bulletin* 28 (2002): 369–381.

5. W. Durant, *The Story of Philosophy: The lives and opinions of the greater philosophers* (Nova York: Pocket Books, 1991).

6. M. Hewstone, "The 'Ultimate Attribution Error'? A review of the literature on intergroup causal attribution", *European Journal of Social Psychology* 20 (1990): 311–335.

7. T. Sharot, "The Optimism Bias", *Current Biology* 21 (2011): R941–R945.

8. P. S. Forscher *et all.*, "A Meta-Analysis of Procedures to Change Implicit Measures", *Journal of Personal and Social Psychology* 117 (2019): 522–559.

9. T. Beer, "All the Times Trump Compared Covid-19 to the Flu, Even After He Knew Covid-19 Was Far More Deadly", *Forbes*, 10 de setembro de 2020, https://www.forbes.com/sites/tommybeer/2020/09/10/all-the-times-trumpcompared-covid-19-to-the-flu-even-after-he-knew-covid-19-was-far-moredeadly/?sh=109ffaa3f9d2; C. Hutcherson *et all.*, "The Pandemic Fallacy: Inaccuracy of social scientists' and lay judgments about COVID-19's societal consequences in America", *PsyArXiv* (2021), doi:10.31234/OSF.IO/G8F9S; J. Demsas, "Why So Many COVID Predictions Were Wrong", *Atlantic*, abril de 2022, https://www.theatlantic.com/ideas/archive/2022/04/pandemic-failed--economic-forecasting/629498/.

10. K. Dou *et all.*, "Engaging in Prosocial Behavior Explains How High SelfControl Relates to More Life Satisfaction: Evidence from three Chinese samples", *PLoS One* 14 (2019): e0223169; J. Passmore e L.

Oades, "Positive Psychology Techniques: Random acts of kindness and consistent acts of kindness and empathy", *Coaching Psychologist* 11 (2015): 90-92.

11. K. Atkinson, T. Bench-Capon e D. Bollegala, "Explanation in AI and Law: Past, present and future", *Journal of Artificial Intelligence* 289 (2020): 103387.

12. E. Tay Hunt, "Microsoft's AI Chatbot, Gets a Crash Course in Racism from Twitter", *Guardian*, 24 de março de 2016, https://www.theguardian.com/technology/2016/mar/24/tay-microsofts-ai-chatbot-gets-a-crash-course-in-racismfrom-twitter.

13. J. Dastin, "Amazon Scraps Secret AI Recruiting Tool That Showed Bias Against Women", Reuters, 10 de outubro de 2018, https://www.reuters.com/article/us-amazon-com-jobs-automation-insight-idUSKCN1MK08G.

14. E. Pronin, D. Y. Lin e L. Ross, "The Bias Blind Spot".

15. A. N. Kluger e A. DeNisi, "The Effects of Feedback Interventions on Performance: A historical review, a meta-analysis, and a preliminary feedback intervention theory", *Psychological Bulletin* 119 (1996): 254284.

16. F. Morse, "Facebook Dislike Button: A short history", BBC News, 16 de setembro de 2015, https://www.bbc.co.uk/news/newsbeat-34269663.

17. K. Scott, *Radical Candor: Be a kick-ass boss without losing your humanity* (Nova York: St. Martin's Press, 2019).

18. Charles Stangor, Rajiv Jhangiani e Hammond Tarry, "The Social Self: The role of the social situation", em *Principles of Social Psychology*, 1ª ed. internacional H5P (1996), 1-36.

19. L. Uziel, "Rethinking Social Desirability Scales: From impression management to interpersonally oriented self-control", *Perspectives on Psychological Science* 5 (2010): 243-262.

20. R. Hogan, T. Chamorro-Premuzic e R. B. Kaiser, "Employability and Career Success: Bridging the gap between theory and reality", *Industrial and Organizational Psychology* 6 (2013): 3-16.

21. E. Dhawan, *Digital Body Language: How to build trust and connection, no matter the distance* (Nova York: St Martin's Press, 2021).

22. P. Tajalli, "AI Ethics and the Banality of Evil", *Ethics and Information Technology* 23 (2021): 447–454.
23. B. Christian, *The Alignment Problem: Machine learning and human values* (Nova York: W. W. Norton & Company, 2015).
24. J. Gans, "AI and the Paperclip Problem", Vox, CEPR Policy Portal, 10 de junho de 2018, https://voxeu.org/article/ai-and-paperclip-problem.
25. "SNP Genotyping", Wikipédia, 2022, https://en.wikipedia.org/wiki/SNP_genotyping.
26. V. Eubanks, *Automating Inequality* (Nova York: St. Martin's Press, 2018).
27. J. Drescher, "Out of DSM: Depathologizing Homosexuality", *Behavioral Science* 5 (2015): 565.
28. P. Costa, *Democracia em Vertigem* (Netflix, 2019).

Capítulo 5

1. M. Bergmann, "The Legend of Narcissus", *American Imago* 41 (1984): 389–411.
2. C. J. Carpenter, "Narcissism on Facebook: Self-promotional and anti-social behavior", *Personality and Individual Differences* 52 (2012): 482–486.
3. R. L. Kauten *et all.*, "Purging My Friends List. Good Luck Making the Cut: Perceptions of narcissism on Facebook", *Computers in Human Behavior* 51 (2015): 244–254.
4. R. Chandra, "Is Facebook Making Us Narcissistic?", *Psychology Today*, 5 de fevereiro de 2018, https://www.psychologytoday.com/us/blog/the-pacific-heart/201802/is-facebook-making-us-narcissistic.
5. E. Grijalva e L. Zhang, "Narcissism and Self-Insight: A review and meta-analysis of narcissists' self-enhancement tendencies", *Personality and Social Psychology Bulletin* 42 (2016): 3–24.
6. E. Grijalva e L. Zhang, "Narcissism and Self-Insight".
7. I. Lunden e T. Hatmaker, "Twitter Accepts Elon Musk's $44B Acquisition Offer", TechCrunch, 25 de abril de 2022, https://techcrunch.com/2022/04/25/twitter-accepts-elon-musks-43b-acquisition-offer/.

8. B. Gentile *et all.*, "The Effect of Social Networking Websites on Positive Self-Views: An experimental investigation", *Computers in Human Behavior* 28 (2012): 1929–1933.

9. A. Rijsenbilt e H. Commandeur, "Narcissus Enters the Courtroom: CEO narcissism and fraud", *Journal of Business Ethics* 117 (2013): 413–429.

10. S. M. Bergman *et all.*, "Millennials, Narcissism, and Social Networking: What narcissists do on social networking sites and why", *Personality and Individual Differences* 50 (2011): 706–711.

11. K. Nash, A. Johansson e K. Yogeeswaran, "Social Media Approval Reduces Emotional Arousal for People High in Narcissism: Electrophysiological evidence", *Frontiers in Human Neuroscience* 13 (2019): 292.

12. A. Rijsenbilt e H. Commandeur, "Narcissus Enters the Courtroom".

13. O. Güell, "Social Media Addiction: Rise of selfie deaths leads experts to talk about a public health problem", *EL PAÍS*, 29 de outubro de 2021, https://english.elpais.com/usa/2021-10-29/rise-of-selfie-deaths-leads-experts-to-talk-about-a-publichealth-problem.html.

14. B. Lindström *et all.*, "A Computational Reward Learning Account of Social Media Engagement", *Nature Communications* 12 (2021).

15. A. K. Pace, "Coming Full Circle: Digital distraction", *Computer Library* 23 (2003): 50–51.

16. T. F. Heatherton e C. Wyland, "Why Do People Have Self-Esteem?", *Psychological Inquiry* 14 (2003): 38–41.

17. N. Chomsky, *Requiem for the American Dream: The 10 principles of concentration of wealth and power* (Nova York: Seven Stories Press, 2017).

18. L. Elliott, "World's 26 Richest People Own as Much as Poorest 50%, Says Oxfam", *Guardian*, 21 de janeiro de 2019, https://www.theguardian.com/business/2019/jan/21/world-26-richest-people-own-as-much-as-poorest-50-per-cent-oxfam report.

19. B. Kellerman e T. L. Pittinsky, *Leaders Who Lust: Power, money, sex, success, legitimacy, legacy* (Nova York: Cambridge University Press, 2020).

20. D. T. Hsu e J. M. Jarcho, "Next Up for Psychiatry: Rejection sensitivity and the social brain", *Neuropsychopharmacology* 46 (2021): 239–240.

21. L. D. Rosen et all., "Is Facebook Creating 'iDisorders'? The link between clinical symptoms of psychiatric disorders and technology use, attitudes and anxiety", *Computers in Human Behavior* 29 (2013): 1243–1254.

22. T. Chamorro-Premuzic, "Is Authenticity at Work Overrated?", *Fast Company*, 12 de novembro de 2018, https://www.fastcompany.com/90256978/is-authenticity-overrated.

23. T. Chamorro-Premuzic, "4 Pieces of Career Advice It's Okay to Ignore", Ascend, hbr.org, 15 de outubro de 2020, https://hbr.org/2020/10/4-pieces-of-careeradvice-its-okay-to-ignore.

24. R. Hogan, T. Chamorro-Premuzic e R. B. Kaiser, "Employability and Career Success: Bridging the gap between theory and reality", *Industrial and Organizational Psychology* 6 (2013): 3–16.

25. E. Goffman, *The Presentation of Everyday Life* (Nova York: Doubleday, 1959).

26. J. Pfeffer, *Leadership BS: Fixing workplaces and careers one truth at a time* (Nova York: Harper Business, 2015).

27. R. Lambiotte e M. Kosinski, "Tracking the Digital Footprints of Personality", *Proceedings of the IEEE* 102 (2014): 1934–1939.

28. T. Chamorro-Premuzic, *The Talent Delusion: Why data, not intuition, is the key to unlocking human potential* (London: Piatkus, 2017).

29. C. R. Colvin, J. Block e D. C. Funder, "Overly Positive Self-Evaluations and Personality: Negative implications for mental health", *Journal of Personality and Social Psychology* 68 (1995): 1152–1162.

30. T. Chamorro-Premuzic, *Confidence: How much you really need and how to get it* (Nova York: Plume, 2014).

31. W. Durant e A. Durant, *The Lessons of History* (Nova York: Simon & Schuster, 2010).

32. T. Chamorro-Premuzic, *Why Do So Many Incompetent Men Become Leaders? (and How to Fix It)* (Boston: Harvard Business Review Press, 2019).

33. A. Edmondson e T. Chamorro-Premuzic, "Today's Leaders Need Vulnerability, Not Bravado", *Harvard Business Review*, 19 de outubro de 2020, https://www.hbs.edu/faculty/Pages/item.aspx?num=59153.

Capítulo 6

1. M. J. Rosenfeld, R. J. Thomas e S. Hausen, "Disintermediating Your Friends: How online dating in the United States displaces other ways of meeting", *Proceedings of the National Academy of Sciences of the United States of America* 116 (2019): 17753-1758.

2. Centros de Controle e Prevenção de Doenças, "Road Traffic Injuries and Deaths — A Global Problem", 2020, https://www.cdc.gov/injury/features/globalroad-safety/index.html.

3. M. C. Marchese e P. M. Muchinsky, "The Validity of the Employment Interview: A meta-analysis", *International Journal of Selection and Assessment* 1 (1993): 18-26.

4. B. D. Spencer, "Estimating the Accuracy of Jury Verdicts", *Journal of Empirical Legal Studies* 4 (2007): 305-329.

5. A. R. McConnell *et all.*, "The Simple Life: On the benefits of low selfcomplexity", *Personality and Social Psychology Bulletin* 35 (2009): 823-835.

6. S. Harris, *Free Will* (Nova York: Free Press, 2012).

7. A. Grant, "Feeling Blah During the Pandemic? It's called languishing", *New York Times*, 3 de dezembro de 2021.

8. G. Petriglieri, "F**k science!? An invitation to humanize organization theory", *Organizational Theory* 1 (2020): 263178771989766.

9. L. Cameron, "(Relative) Freedom in Algorithms: How digital platforms repurpose workplace consent", *Academy of Management Proceedings 2021* (2021): 11061.

10. T. Chamorro-Premuzic, "Can Surveillance AI Make the Work place Safe?", *MIT Sloan Management Review* 62 (2020): 13-15.

11. T. Chamorro-Premuzic, "This Is Why AI Will Never Be as Creepy as a Micromanaging Boss", *Fast Company*, 21 de julho de 2020, https://www.fastcompany.com/90529991/this-is-why-ai-will-never-be-as-creepy-as-a-micromanaging-boss.

12. K. Schwab, "The Fourth Industrial Revolution: What it means and how to respond", World Economic Forum, janeiro de 2016, https://www.weforum.org/agenda/2016/01/the-fourth-industrial-revolution-what-it-means-and-how-torespond/.

13. Petriglieri, "F**k science!?"

14. R. Vonderlin *et all.*, "Mindfulness-Based Programs in the Workplace: A meta-analysis of randomized controlled trials", *Mindfulness* 11 (2020): 1579-1598.

15. M. Mani *et all.*, "Review and Evaluation of Mindfulness-Based iPhone Apps", *JMIR Mhealth and Uhealth* 3, nº 3 (2015): e82, https//mhealth.jmir. org/2015/3/e82 3, e4328.

16. Lifeed, "MultiMe: How your multiple roles enrich you", 20 de julho de 2020, https://lifeed.io/en/2020/07/20/multime-best-version-self/.

17. S. Blackburn, *Being Good: An introduction to ethics* (Nova York: Oxford University Press, 2001).

18. S. Pinker, *The Village Effect: How face-to-face contact can make us healthier and happier* (Toronto: Vintage Canada, 2014).

19. B. Fröding e M. Peterson, "Friendly AI", *Ethics and Information Technology* 23 (2021): 207-214.

20. V. E. Frankl, *Man's Search for Meaning* (Nova York: Simon and Schuster, 1985).

21. Microsoft, "Music Generation with Azure Machine Learning", Microsoft Docs, 2017, https://docs.microsoft.com/en-us/archive/blogs/machinelearning/music-generation-with-azure-machine-learning; Magenta TensorFlow, https://magenta.tensorflow.org/; Watson Beat Archives, https://www.ibm.com/blogs/research/tag/watson-beat/; Flow Machines, Sony, http://www.flow-machines.com/; AIVA — IA compondo música de trilha sonora emotiva, https://www.aiva.ai/; Amper Music — Ferramentas de composição de música IA

para criadores de conteúdo, https://www.ampermusic.com/; L. Plaugic, "Musician Taryn Southern on Composing Her New Album Entirely with AI", *Verge*, 27 de agosto de 2017, https://www.theverge.com/2017/8/27/16197196/taryn-southern-album-artificial-intelligence-interview.

22. J. Gillick, K. Tang e R. M. Keller, "Machine Learning of Jazz Grammars", *Computer Music Journal* 34 (2010): 56-66.

23. Livros escritos pela IA, https://booksby.ai/.

24. M. Burgess, "Google's AI Has Written Some Amazingly Mournful Poetry", *Wired*, 18 de maio de 2016, https://www.wired.co.uk/article/google-artificialintelligence-poetry.

25. M. A. Boden, *Artificial Intelligence: A very short introduction* (Nova York: Oxford University Press, 2018).

26. D. Burkus, *The Truth About How Innovative Companies and People Generate Great Ideas* (Hoboken, NJ: Jossey-Bass, 2013).

Capítulo 7

1. K. E. Twomey e G. Westermann, "Curiosity-Based Learning in Infants: A neurocomputational approach", *Developmental Science* 21 (2018).

2. P. Y. Oudeyer e L. B. Smith, "How Evolution May Work through CuriosityDriven Developmental Process", *Topics in Cognitive Science* 8 (2016): 492-502.

3. S. von Stumm, B. Hell e T. Chamorro-Premuzic, "The Hungry Mind: Intellectual curiosity is the third pillar of academic performance", *Perspectives on Psychological Science* 6 (2011): 574-588.

4. M. Schaller e D. R. Murray, "Pathogens, Personality, and Culture: Disease prevalence predicts worldwide variability in sociosexuality, extraversion, and openness to experience", *Journal of Personality and Social Psychology* 95 (2008): 212-221.

5. C. L. Fincher e R. Thornhill, "Parasite-Stress Promotes In-Group Assortative Sociality: The cases of strong family ties and heightened religiosity", *Behavioral and Brain Sciences* 35 (2012): 61-79.

6. T. Chamorro-Premuzic e B. Taylor, "Can AI Ever Be as Curious as Humans?", hbr.org, 5 de abril de 2017, https://hbr.org/2017/04/can-ai-ever-be-as-curious-as-humans.

7. J. Golson, "GM's Using Simulated Crashes to Build Safer Cars", *Wired*, abril de 2015, https://www.wired.com/2015/04/gms-using-simulated-crashes-build-safer-cars/.

8. B. Schölkopf, "Artificial Intelligence: Learning to see and act", *Nature* 518 (2015): 486-487.

9. SethBling, "MarI/O — Machine Learning for Video Games", vídeo no YouTube, 13 de junho de 2015, https://www.youtube.com/watch?v=qv6UVOQ0F44.

10. H.-Y. Suen, K.-E. Hung e C.-L. Lin, "TensorFlow-Based Automatic Personality Recognition Used in Asynchronous Video Interviews", *IEEE Access* 7, (2019): 61018-61023.

11. S. Nørskov *et all.*, "Applicant Fairness Perceptions of a Robot-mediated Job Interview: A video vignette-based experimental survey", *Frontiers in Robotics and AI* 7 (2020): 163.

12. B. Russell, *A History of Western Philosophy, and Its Connection with Political and Social Circumstances from the Earliest Times to the Present Day* (Nova York: Simon & Schuster, 1967).

13. D. Farber, "Google Search Scratches Its Brain 500 Million Times a Day", CNET, 13 de maio de 2013, https://www.cnet.com/tech/services-and-software/googlesearch-scratches-its-brain-500-million-times-a-day/.

14. T. B. Kashdan *et all.*, "The Curiosity and Exploration Inventory-II: Development, factor structure, and psychometrics", *Journal of Research in Personality* 43 (2009): 987-998; R. Hogan, T. Chamorro-Premuzic e R. B. Kaiser, "Employability and Career Success: Bridging the gap between theory and reality", *Industrial and Organizational Psychology* 6 (2013): 3-16.

15. M. Zajenkowski, M. Stolarski e G. Meisenberg, "Openness, Economic Freedom and Democracy Moderate the Relationship between National Intelligence and GDP", *Personality and Individual Differences* 55 (2013): 391-398.

16. von Stumm, Hell e Chamorro-Premuzic, "The Hungry Mind".

17. S. S. Tomkins, *Affect, Imagery, Consciousness* (Nova York: Springer Publishing Company, 1962).

18. Wikiquote, Albert Einstein, 2022, https://en.wikiquote.org/wiki/Albert_Einstein.

19. Bond Vililantes, "Rise of the Robots — Technology and the Threat of a Jobless Future: An interview with Martin Ford", vídeo no YouTube, 3 de maio de 2016, https:// www.youtube.com/watch?v=Z3EPG-_Rzkg.

20. ManpowerGroup, ManpowerGroup @ World Economic Forum Annual Meeting 2022, https://wef.manpowergroup.com/.

21. J. Patrick, "Democratic Professors Outnumber Republicans 9 to 1 at Top Colleges", *Washington Examiner*, 23 de janeiro de 2020, https://www.washingtonexaminer.com/opinion/democratic-professors-outnumber-republicans-9-to-1-at-top-colleges.

22. A. Agrawal, J. Gans e A. Goldfarb, *Prediction Machines: The simple economics of artificial intelligence* (Boston: Harvard Business Review Press, 2018).

23. F. L. Schmidt e J. E. Hunter, "The Validity and Utility of Selection Methods in Personnel Psychology: Practical and theoretical implications of 85 years of research findings", *Psychological Bulletin* 124 (1998): 262–274.

24. F. Leutner, R. Akhtar e T. Chamorro-Premuzic, *The Future of Recruitment: Using the new science of talent analytics to get your hiring right* (Bingley, UK: Emerald Group Publishing, 2022)

25. T. Chamorro-Premuzic, "Attractive People Get Unfair Advantages at Work. AI Can Help", hbr.org, 31 de outubro de 2019, https://hbr.org/2019/10/attractive-peopleget-unfair-advantages-at--work-ai-can-help.

26. G. Orwell, *1984* (Londres: Everyman's Library, 1992).

Capítulo 8

1. W. H. Bruford, *The German Tradition of Self-Cultivation 'Bildung' from Humboldt to Thomas Mann* (Nova York: Cambridge University Press, 2010).

2. S. Chuang e C. M. Graham, "Embracing the Sobering Reality of Technological Influences on Jobs, Employment and Human Resource Development: A systematic literature review", *European Journal of Training and Development* 42 (2018): 400–416.

3. P. Thiel com B. Masters, *Zero to One: Notes on startups, or how to build the future* (Nova York: Currency, 2014).

4. Quote Investigator, "History is just one damn thing after another", 2015, https://quoteinvestigator.com/2015/09/16/history/#:~:text=Some.

5. Quote Investigator, "There are only two tragedies. One is not getting what one wants, and the other is getting it", 2019, https://quoteinvestigator.com/2019/08/11/.

6. T. Chamorro-Premuzic, S. Von Stumm e A. Furnham, *The Wiley-Blackwell Handbook of Individual Differences* (Hoboken, NJ: Wiley-Blackwell, 2015).

7. P. Rose, W. K. Campbell e S. P. Shohov, "Greatness Feels Good: A telic model of narcissism and subjective well-being", em *Advances in Psychology Research*, vol. 31, ed. S. P. Shohov (Hauppauge, NY: Nova Science, 2004), 3–26.

8. M. J. Wilkinson, "Lies, Damn Lies, and Prescriptions", *M. Jackson Wilkinson* (blog) 6 de novembro de 2015, https://mjacksonw.com/lies-damn-lies-and-prescriptionsf86fca4d05c.

9. B. Russell, *A History of Western Philosophy, and Its Connection with Political and Social Circumstances from the Earliest Times to the Present Day* (Nova York: Simon & Schuster, 1967).

10. C. L. Fincher e R. Thornhill, "Parasite-Stress Promotes In-Group Assortative Sociality: The cases of strong family ties and heightened religiosity", *Behavioral and Brain Sciences* 35 (2012): 61–79.

11. L. Carroll, *Alice's Adventures in Wonderland* (Mineola, NY: Dover Books, 1993).

12. A. Smith, *The Theory of Moral Sentiments* (Erie, PA: Gutenberg Publishers, 2011).

13. C. Darwin, *The Descent of Man* (Overland Park, KS: Digireads.com, 2009).

14. Z. Schiffer, "Google Fires Second AI Ethics Researcher Following Internal Investigation", *Verge*, 19 de fevereiro de 2021, https://www.theverge.com/2021/2/19/22292011/google-second-ethical-ai-researcher-fired.

15. J. Faulconer, "Times and Seasons", The Quotidian, fevereiro de 2006, https://www.timesandseasons.org/harchive/2006/02/the-quotidian/.

16. Wikipédia, Melvin Kranzberg, 2022, https://en.wikipedia.org/wiki/Melvin.

17. M. Ridley, "Don't Write Off the Next Big Thing Too Soon", *Times*, 6 de novembro de 2017, https://www.thetimes.co.uk/article/dont-write-off-the-next-big-thing-too-soon-rbf2q9sck.

18. "Steven Pinker: Can numbers show us that progress is inevitable?", NPR, 17 de agosto de 2018, https://www.npr.org/2018/08/17/639229357/steven-pinker-cannumbers-show-us-that-progress-is-inevitable.

19. N. Chomsky, *Requiem for the American Dream: The 10 Principles of Concentration of Wealth and Power* (Nova York: Seven Stories Press, 2017).

Índice

Símbolos

23andMe 71
23andMe, biotecnologia 71

A

abstinência digital 30
acaso 103–108
Adam Grant 99
Adam Smith 136, 138–140
aleatoriedade 104
Alphabet 17
altruísmo 61, 137–140
Amazon 20, 65, 102
amizades 126
amor digital 79
Amy Edmonson 90
Apple 20, 30
aprendizado 114
aprendizado de máquina direcionado 112
Aprendizado de máquina 14
Ariana Grande 16
Arte algorítmica 107
Ashley Montagu 126
atenção 29–31
atenção parcial contínua 33
autenticidade 87
  armadilha da 84
autoconceito 61, 79
  restrito 104
autoconsciência 69
autocontrole 52, 85
autodivulgação inadequada 10
autoestima 80
auto-humilhação 56
autoimagem 77
auto-obsessão, era da 4
autopercepção 61
autopromoção 76

B

Bill Gates 1
bolhas de filtro 56, 120
  pessoal 49
Bumble 45

C

câmaras de eco 49, 68
Cambridge Analytica 72, 118
capacidade de aprendizado 117
capitalismo de vigilância 19, 97
cérebro humano 31–32
Charles Bukowski 108
chatbot 58
ciência da consciência 123
clickbait 49
coletividade 82, 134
competitividade 11–12
complexidade intelectual 94
complexo de Deus 81
comportamento em grupo 138
comportamento humano 5

comportamentos autômatos repetitivos 93
compra
  online 47
  por impulso 53
confidencialidade 72
conhecimento 67
conhecimento, aquisição de 50
convicção moral 73
criatividade 101, 103
Cristiano Ronaldo 76
cultura 23-25
cultura do cancelamento 119
curiosidade 111, 117
  artificial 113
  automatização da 116-117
  humana 113
  intelectual 116

D

dados de treinamento 64
dataficação 16
  do homem 9
David Meyer 33
deep learning 114
democracia 74
disposição mental 53
distração 34
  crise de 4
distrações digitais 33
diversidade 103
DNA comportamental 13
Donald Trump 137
doomscrolling 37
dormir 53
downgrade 131

E

economia comportamental 55, 56
economia da atenção 28-29
economia gig 46
econômica, inovação 8
ecossistema digital 8
efeito coquetel 33
egocentrismo digital 138
Elon Musk 1, 76-77
empatia 61
energia motivacional 52
era da IA 1, 44, 83, 100, 131
escassez vs. abundância 24-25
espécie hipersocial 11
estímulo
  intelectual 40
  sensorial 40
ética 69, 73
etiqueta social 85
eus virtuais 87
evolução cultural 81, 91, 106
excedente comportamental 18
exclusão social 78
exibicionismo grandioso 77

F

Facebook 11, 14, 15, 20, 67, 72, 103, 134
fake news 9, 49, 72
feedback 67, 77
  do aprendizado 114
felicidade 132
  pessoal 135
FOMO, síndrome 39, 46
Fox 12
Frederick Taylor 100

G

ganância 82
genotipagem 71
gestão científica 100
gestão de risco pessoal 89
Gianpiero Petriglieri 101
Goldman Sachs 134
Google 12, 103, 116
gratificação 52

H

hiperatenção 32
hiperconectividade 9, 20
Homo economicus 56
humanidade 141
humildade 88

I

IA
  moralidade 69
  revolução da 101
improdutividade 35
impulsividade 44-45
  digital 49
  e paciência 50
  incentivos 61
  narcisistas 80
Instagram 16
instintos pró-sociais 79
intelectual, inovação 8
inteligência
  humana 2
  papel da 121
Internet das Coisas 12
intoxicação da transmissão 80
intuição 122

J

Jean-Jacques Rousseau 22
Jean Twenge 76
John Coltrane 34-35
Johns Hopkins Hospital 12
Justin Bieber 16

K

Kazuo Ishiguro 13
Kim Kardashian 76
Kurt Vonnegut 78-79

L

Lewis Carroll 136
liderança 90-91
LinkedIn 11, 19, 46, 67
Lisa Feldman Barrett 55-58
livre-arbítrio 98
  autopercebido 102
Ludwig Wittgenstein 100

M

máquina de distração 30
máquina de previsão 93
Margaret Boden 108
Margaret Visser 141
Mark Zuckerberg 67
Martin Heidegger 108
mecanismo de detecção de padrões 62
meditação digital 102
Melvin Kranzberg 141
meritocracia 3
Meta 16
metaverso 8, 21, 31, 39, 131

métricas de engajamento 80
microcompetências 114
Microsoft 20, 64, 106
Miles Davis 34
millennials 64
moralidade 8
moral, inovação 8
multitarefa 36
mundo hiperconectado 9

N

narcisismo 75
  digital 4, 76
  e cultura 88
natureza adaptável 50
negócio da previsão 19
Netflix 12, 16, 20, 46, 95, 102
Neuralink 39
NFTs 8
Nicholas Carr 31
Niels Bohr 105
Noam Chomsky 143
Nova revolução industrial 1
novo normal 12, 45

O

ócio cibernético 36
Oscar Wilde 132

P

paciência 43
pandemia da Covid-19 12, 20, 45, 60, 106
paradoxo da escolha 95
parcialidade 63
Patton Oswalt 56
pensamento crítico 84
perda de produtividade 36
persona digital 78

personalidade 57–58
Peter Thiel 10
Petra Costa 74
plataformas virtuais 11
poder preditivo 98
política, inovação 8
popularidade digital 41
precisão preditiva da IA 93
previsibilidade 98
processamento intelectual 31–32
produtividade 35
profundidade criativa 94
Psicologia cognitiva 33
psicologia positiva 132
psicologia social 59

Q

quarta revolução industrial 101
questões éticas 70

R

racionalidade humana 56
recursos mentais 101
redes sociais 10, 78
reforço positivo 84
relacionamentos 11–12
revolução digital 35
Revolução digital 17
revolução industrial 100
revoluções tecnológicas 130
Roy Baumeister 52–53

S

schadenfreude 134
Scott Galloway 95
segmentação política digital 72
segurança psicológica 90
senso de independência 84
ser feliz, mantra 132

Shoshana Zuboff 19
significado 40
Simon Blackburn 136
síndrome de Estocolmo 97
síndrome do impostor 57
sintaxe pessoal 18
Sistema 1, modo 48
slow food, movimento 47
Sócrates 5
sono, qualidade do 53
Spotify 20, 124
Stephen Hawking 1, 67
subjetividade 59
sucesso 139

T

tecnofobia 34
tecnologia
    efeitos neurais 31-32
    tentações tecnológicas 52, 99
    vício em 45-48
tela, tempo de 12
televisão 4
tendências de confirmação 56
tendenciosidade humana 62
Tesla 134
Thomas Hobbes 22
TikTok 11, 48
Tinder 46-48
trabalhadores gig 100
transtorno do deficit de atenção com
    hiperatividade (TDAH) 24, 30
Twitter 15

U

Uber 16, 46
Udacity 12
urgência estratégica 51

V

vaidade 81
varejo online 21-22
verificação da realidade 66
vícios 45-48
viés do otimismo 59
viés humano 3
vigilância 18
Viktor Frankl 106
virtudes artificiais 86

W

Warren Buffett 47
WhatsApp 15
WikiLeaks 12
Wikipedia 12
Will Durant 24-25
Winston Churchill 82

Y

Yuval Harari 12-13

Z

Zoom 12

Agradecimentos

Este livro é o produto de muitos debates, trocas e conversas com mentes brilhantes que, ao longo dos anos, tiveram um impacto profundo em minhas visões sobre a relação entre o homem e a IA. Sou grato aos meus editores da *Harvard Business Review*, Dana Rousmaniere, Paige Cohen e Sarah Green Carmichael (agora na Bloomberg), por me ajudarem a modelar minhas primeiras ideias sobre o tema, assim como a Kevin Evers, editor deste livro, por aguentar o processo quase masoquista de escolher, editar e especialmente limpar e purificar as divagações e as reflexões que recebeu de mim, fazendo mágica ao transformá-las neste livro. Obrigado também a Lydia Dishman, na *Fast Company*, por sempre fazer perguntas interessantes, que ajudaram a forçar meu pensamento.

Também sou grato às pessoas que sempre me inspiram, e ajudam, a fazer a ponte entre a teoria e a prática no campo do ser humano e da IA. Meus incríveis colegas do ManpowerGroup, em especial Becky Frankiewicz, Michelle Nettles, Ganesh Ramakrishnan, Stefano Scabbio, Francois Lancon, Alain Roumihac, Riccardo Barberis e Jonas Prising, por seu comprometimento em usar a IA ética para ajudar milhões de pessoas a prosperar na Leutner; Reece Akhtar, Uri Ort, Gorkan Ahmetoglu, por transformar muitas dessas ideias em inovações e fechar a lacuna entre IA e IO (psicologia). Coautores incríveis, parceiros de pensamento e investigadores de ideias, em especial Amy Edmondson, Herminia Ibarra, Cindy Gallop, Katarina Berg, Nathalie Nahai, Darko Lovric, Gianpiero Petriglieri, Josh Bersin, Yuval Harari, Scott Galloway, Oliver Burkeman e Melvyn Bragg.

Por fim, gostaria de agradecer ao meu agente literário, Giles Anderson, por seu sábio conselho e pela orientação na criação deste livro, que, como nos meus três livros anteriores, melhorou muitíssimo o que você tem diante de si agora.

Sobre o Autor

Tomas Chamorro-Premuzic é autoridade internacional em perfil psicológico, gestão de talento, desenvolvimento de liderança e análise de pessoas. Seu trabalho comercial foca a criação de ferramentas científicas que melhoram a capacidade das organizações em prever o desempenho e a capacidade das pessoas em entenderem a si mesmas. Atualmente ele é diretor de inovação no ManpowerGroup, cofundador do Deeper Signals e do Metaprofiling, e professor de psicologia para negócios na University College London e na Columbia University. Antes ele ocupou posições acadêmicas na New York University e na London School of Economics, ministrou palestras na Harvard Business School, na Stanford Business School, na London Business School, em Johns Hopkins, IMD e INSEAD, além de ser CEO da Hogan Assessment Systems.

Dr. Tomas publicou onze livros e mais de duzentos artigos científicos sobre psicologia de talento, liderança, inovação e IA, tornando-se um dos cientistas sociais mais produtivos de sua geração. Seu trabalho recebeu prêmios da American Psychological Association, da International Society for the Study of Individual Differences e da Society for Industrial-Organizational Psychology, da qual é membro. Dr. Tomas também é diretor-fundador do programa Industrial-Organizational and Business Psychology da University College London e conselheiro-chefe de psicometria no Entrepreneurial Finance Lab de Harvard.

Nos últimos vinte anos, ele foi consultor financeiro de vários clientes (por exemplo, JP Morgan, HSBC, Goldman Sachs), em publicidade (por exemplo, Google, WPP, BBH), em mídia (por exemplo, BBC, Red Bull, Twitter, Spotify), no varejo (por exemplo, Unilever, Walmart, Tesco), em moda (por exemplo, LVMH, Net-a-Porter, Valentino), no governo (por exemplo, British Army, Royal Mail, NHS) e em organizações intergovernamentais (por exemplo, Nações Unidas e Banco Mundial).

A carreira na mídia do Dr. Tomas conta com mais de cem aparições na TV, inclusive na BBC, na CNN, TED e Sky, e mais de quatrocentos artigos na *Harvard Business Review*, no *Guardian*, na *Fast Company* e na *Forbes*, entre outros. Dr. Tomas também é o principal orador do Institute of Economic Affairs. Ele nasceu e cresceu em Villa Freud, um distrito de Buenos Aires, mas passou grande parte de sua carreira profissional em Londres e Nova York. Seu livro anterior é *Why Do So Many Incompetent Men Become Leaders?*.